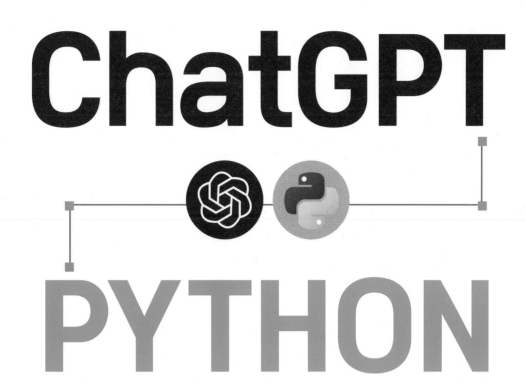

ChatGPT & PYTHON

챗GPT를 활용한
40가지 파이썬 프로그램 만들기

파이썬 초보 개발자를 위한 챗GPT 실전 활용서

특별부록 _ PDF 파일 제공
챗GPT를 활용한 파이썬 문법 배우기 입문

앤써북
ANSWERBOOK

챗GPT를 활용한
40가지 파이썬 프로그램 만들기
파이썬 초보 개발자를 위한 챗GPT 실전 활용서

초판 1쇄 발행 | 2023년 04월 30일

지은이 | 장문철, 저
펴낸이 | 김병성
펴낸곳 | 앤써북

출판사 등록번호 | 제 382-2012-0007 호
주소 | 파주시 탄현면 방촌로 548
전화 | 070-8877-4177
FAX | 031-942-9852
도서문의 | 앤써북 http://answerbook.co.kr
ISBN | 979-11-981892-0-2 13000

[안내]
• 이 책의 내용을 기반으로 실습 및 운용 결과에 대해 저자, 소프트웨어 개발자 및 제공자, 앤써북 출판사, 서비스 제공자는 일체의 책임지지 않음을 안내드립니다.
• 이 책에 소개된 회사명, 제품명은 각 회사의 등록 상표 또는 상표이며 본문 중 TM, ⓒ, ® 마크 등을 생략하였습니다.
• 이 책은 소프트웨어, 플랫폼, 서비스 등은 집필 당시 신 버전으로 설명하였습니다. 단, 독자의 학습 시점에 따라 책의 내용과 일부 다를 수 있습니다.

Preface
머리말

최근에는 파이썬을 사용하여 다양한 기능을 수행할 수 있는 강력하고 쉬운 프로그래밍 언어로 널리 사용되고 있습니다. 하지만 프로그래밍 언어를 다루는 능력이 없다면 프로그램을 작성하는 것은 어렵습니다. 그러나 챗 GPT가 출시된 이후로는 챗 GPT에게 질문을 하면서도 우리가 원하는 프로그램을 만들 수 있게 되었습니다. 이제는 프로그래밍 능력이 없어도 파이썬과 연결하여 다양한 프로그램을 만들 수 있게 되었습니다.

따라서 이 책에서는 40개의 파이썬 프로젝트를 챗GPT에게 질문을 통해 만들어보면서 파이썬의 강력한 기능을 경험하고 학습할 수 있도록 구성하였습니다. 하지만 파이썬을 전혀 모르는 상태에서 질문만을 통해 결과를 도출하면, 프로그램의 수정이 어려울 수 있습니다. 따라서 이 책에서는 질문을 통해 결과를 얻으면서도 실질적으로 파이썬을 학습할 수 있도록 구성하였습니다.

챗GPT의 장점 중 하나는 무슨 질문을 하더라도 친절하게 답변을 해준다는 것입니다. 만약 파이썬 문법을 모르거나 라이브러리를 모른다면, 여러 번의 질문을 통해 최종 결과물을 만들어낼 수 있도록 구성하였습니다. 이 책을 읽는 독자들도 챗GPT를 활용하여 자신이 원하는 프로그램을 만들어보시길 바랍니다.

저자 **장문철**

챗GPT에게 질문하는 시점에 따라 제안한 프로그램이 다를 수 있어 교재는 아두이노 학습을 위해 챗GPT와 함께 코딩과 수정작업을 거쳐 동작하는 프로그램을 안내해두었습니다.

Reader Support Center
독자 지원 센터

독자 지원 센터는 책 소스 파일, 부록 PDF 파일, 독자 문의 등 책을 보는데 필요한 사항을 지원합니다.
앤써북 공식 카페에서 [카페 가입하기] 버튼을 눌러 간단한 절차를 거쳐 회원가입 후 독자 지원 센터를
이용할 수 있습니다.

[책 소스, 부록 PDF 파일, 정오표 파일] 다운로드 받기

이 책과 관련된 실습 소스 및 정오표 파일은 앤써북 카페에 접속한 후 [도서별 독자 지원 센터]-[챗GPT를
활용한 아두이노 입문] 게시판을 클릭합니다. "〈챗GPT를 활용한 40가지 파이썬 프로그램 만들기〉 책 소
스, 부록 PDF 파일, 정오표입니다." 게시글을 클릭한 후 안내에 따라 다운로드 받으시면 됩니다.

▶ 앤써북 네이버 카페 : https://cafe.naver.com/answerbook
▶ 책 전용 게시판 바로가기 주소 : https://cafe.naver.com/answerbook/menu/210

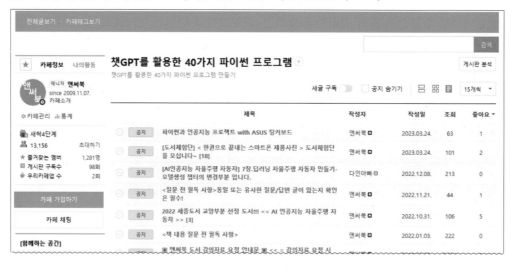

〈챗GPT를 활용한 파이썬 문법 배우기 입문〉 부록 PDF 파일 제공

파이썬 초보이시거나 파이썬 문법 학습이 필요한 분들을 위해 〈챗GPT를 활용한 파이썬 문법 배우
기 입문〉 내용을 부록 PDF 파일로 제공합니다.
부록 PDF 파일은 본 게시글의 [첨부 파일]을 클릭해서 다운로드 받을 수 있습니다.

이 책과 관련된 궁금한 내용은 앤써북 공식카페에서 질문과 답변 받을 수 있습니다.

질문하기 위해서 [도서별 독자 지원 센터]–[도서별 독자 지원 센터]–[챗GPT를 활용한 아두이노 입문] 게시판을 클릭합니다. 우측 아래의 [글쓰기] 버튼을 클릭한 후 제목에 다음과 같이 "[문의] 페이지수, 질문 제목"을 입력하고 궁금한 사항은 아래에 작성 후 [등록] 버튼을 클릭하여 등록합니다. 등록된 질의 글은 저자님께서 최대한 빠른 시간에 답변드릴 수 있도록 안내드립니다. 단, 책 실습과 직접적인 연관성이 없는 질문, 답변이 난해한 질문, 중복된 질문, 과도한 질문 등은 답변 드리지 못할 수 있음을 양해 부탁드립니다.

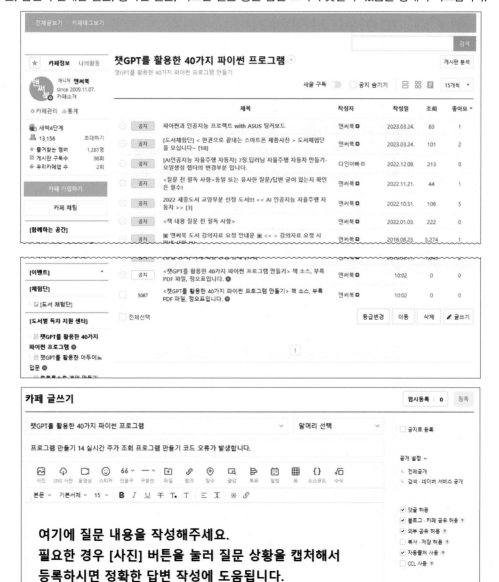

Contents
목차

Chapter 03 챗GPT를 활용한 40가지 프로그램 만들기

Contents
목차

Contents
목차

Contents
목차

CHAPTER 00

챗GPT와
파이썬

인공지능 챗GPT 열풍과 SW교육

인공지능 챗GPT 열풍과 아두이노의 만남

01 챗GPT 회원 가입하기

챗GPT(ChatGPT)는 OpenAI에서 개발한 대규모 자연어 처리 모델입니다. GPT는 Generative Pre-trained Transformer 의 약자로, 이 모델은 대량의 텍스트 데이터를 학습하여 문장 생성, 기계 번역, 질의응답, 요약, 감정 분석 등 다양한 자연어 처리(NLP) 작업을 수행할 수 있습니다.

챗GPT는 채팅과 대화형 인터페이스에 적용되어, 사용자의 질문에 대해 자연스러운 대화를 제공하는 인공지능 챗봇을 구현하는 데 사용됩니다. 이 모델은 인공지능 챗봇 뿐만 아니라, 문장 생성, 기계 번역, 요약 등 다양한 자연어 처리 애플리케이션에도 적용할 수 있습니다

ChatGPT는 회원가입 후 무료/유료로 사용할 수 있습니다. ChatGPT 회원가입부터 사용 방법에 대해서 알아보겠습니다.

01 구글에서 "ChatGPT"를 검색 후 아래 사이트에 접속합니다. 또는 ChatGPT 공식 사이트 주소를 직접 입력하여 접속합니다.

• https://openai.com/blog/chatgpt

02 [TRY ChatGPT]를 눌러 접속합니다.

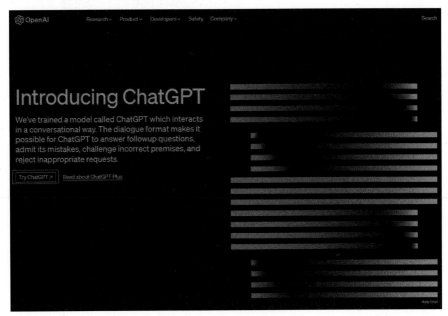

03 보통은 다음과 같은 " Welcome to ChatGPT Log in with your OpenAI accoucnt continue(ChatGPT에 오신 것을 환영합니다. 이제 OpenAI 계정으로 로그인하십시오.)" 화면이 보입니다. 이미 OpenAI 계정이 있으신 분이라면 [Log in] 버튼(❶)을 눌러 로그인 후 사용하고, 없으시다면 [Sign up] 버튼(❷)을 눌러 회원 가입 후 진행합니다. 회원 가입해야 되는 분은 06 단계를 이어서 참조합니다. 로그인 이후 무료로 Chat GPT를 사용하실 수 있습니다.

다만 사용자수가 많을 때는 다음과 같이 접속 제한으로 접속이 불가능 합니다. Chat GPT Plus 회원의 경우는 오른쪽에 ID를 입력하여 접속 가능한 링크 주소를 이메일로 받아 볼 수 있습니다.

※ 단, Chat GPT Plus 회원은 월 20$의 구독제 요금이 발생합니다.

Chat GPT Plus 회원의 경우 이메일로 받은 링크주소를 이용하여 사용자가 붐비는 시간에도 [Log In] 화면으로 접속이 가능합니다.

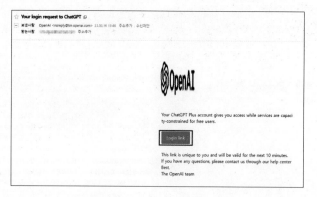

04 로그인 시 이메일 주소를 입력합니다.

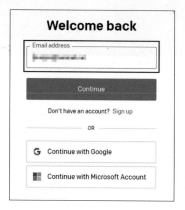

05 비밀번호를 입력 후 [Continue]를 눌러 로그인 합니다.

06 회원 가입 시에는 이메일 주소를 이용하여 회원 가입이 가능합니다. 또는 구글, 마이크로소프트의 ID를 이용하여 회원가입이 가능합니다. 이메일 방법 선택 시 메일함에서 인증번호를 받아 입력해야 하는 번거로움이 있으니 구글 계정 혹은 마이크로소프트 계정 2개 중 하나를 선택해 회원가입을 진행합니다.

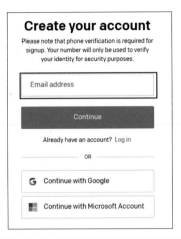

> 66 회원가입 시 이메일 선택 시 메일함에서 인증번호를 받아 입력해야 하는 번거로움이 있으며, 구글 계정 혹은 마이크로소프트 계정을 이용하는 경우 한 선택해 회원가입을 진행합니다.

07 회원가입을 진행하면 이름 입력 페이지로 이동합니다. 이름을 입력한 후 [Continue] 버튼을 눌러 다음으로 넘어갑니다. 아래에 Continue(다음)을 누르면 이용약관에 동의하고, 만18세 이상임을 확인하는 것이라고 나타나있지만 미성년자도 별다른 인증없이 사용 가능합니다.

08 이름 입력 후 전화번호 인증을 받습니다. 국번 +82 옆에 본인의 전화번호를 입력하고, [Send Code] 버튼을 클릭합니다. 전화번호 인증 없이는 회원 가입을 할 수 없습니다.

09 입력한 전화번호의 스마트폰으로 인증번호가 발송되고, 인증번호를 받았다면 해당 사이트에 입력한 후 [Enter] 키를 눌러 회원가입을 완료합니다.

10 회원가입을 완료하였다면 다음처럼 ChatGPT 메인 화면으로 이동됩니다. ChatGPT를 사용하고 싶다면 사이트 중앙 하단에 있는 메시지 창에 궁금한 질문 내용을 입력하고, [Enter] 버튼 혹은 진행 아이콘(◁)을 클릭하시면 됩니다.

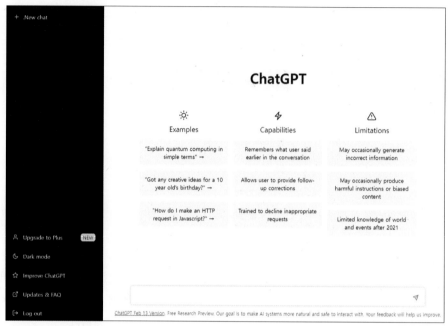

▲ ChatGPT 메인 페이지

02 챗GPT 화면 구성 살펴보기

ChatGPT 사이트 메인 화면 구성은 다음과 같습니다.

- ChatGPT : https://chat.openai.com/chat

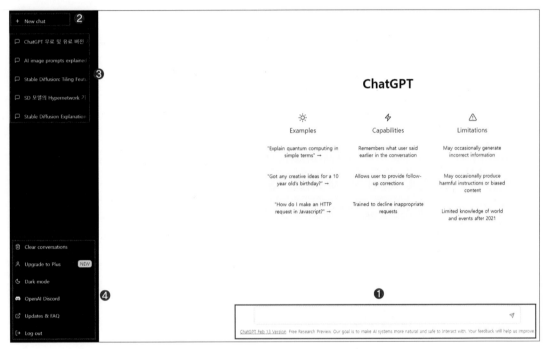

❶ 질문을 입력하는 입력창입니다. 질문은 영어, 한국어 모두 가능하며 답변도 정상적으로 받을 수 있습니다.

❷ 새로운 Chat을 실행 할 수 있습니다. 새로운 채팅방이 열려 채팅을 시작할 수 있습니다.

❸ 대화하고 있는 채팅방의 목록이 표시됩니다.

❹ Chat GPT의 메뉴입니다.

– Clear conversations: Chat GPT와의 대화 기록을 삭제하는 기능입니다. 이 기능을 사용하면, Chat GPT 와의 대화 내용을 초기화하여 이전에 대화한 내용이나 정보를 모두 삭제할 수 있습니다. 일반적으로, Chat GPT와의 대화를 진행할 때 이전에 대화했던 내용이 남아 있을 수 있습니다. 이는 Chat GPT가 기억하고 있

는 대화 기록을 이용해 더욱 자연스러운 대화를 진행할 수 있게 해주기 때문입니다. 그러나, 기존의 대화 기록이 현재 대화와 무관한 내용이거나, 더 이상 필요하지 않은 경우에는 "Clear Conversations" 기능을 사용하여 대화 기록을 초기화하여 새로운 대화를 시작할 수 있습니다.

- **Dark mode**: 화면은 UI를 어둡게 또는 밝게 변경이 가능합니다.
- **Upgrade to Plus**: ChatGPT Plus는 기존의 일반 GPT 모델에 비해 더 크고 복잡한 모델입니다. 주요 차이점은 다음과 같습니다.

  - 모델 크기: ChatGPT Plus는 기존 GPT 모델보다 훨씬 큰 모델이며, 매개 변수의 수가 훨씬 많습니다. 이로 인해 더 많은 데이터와 연산 능력이 필요하며, 더욱 정교한 작업을 수행할 수 있습니다.
  - 데이터양: ChatGPT Plus는 기존 모델에 비해 더 많은 양의 데이터를 사용하여 학습되었습니다. 이로 인해 더 많은 정보와 패턴을 학습하고, 더욱 정확하고 다양한 예측을 수행할 수 있습니다.
  - 성능: ChatGPT Plus는 기존 모델에 비해 더 우수한 성능을 발휘합니다. 이는 모델 크기와 데이터양의 증가로 인한 것입니다.
  - 다양한 작업: ChatGPT Plus는 기존 모델에 비해 더 다양한 작업을 수행할 수 있습니다. 예를 들어, 대화 시나리오 외에도 요약, 번역, 질문 답변 등의 작업에서도 우수한 성능을 보입니다.

요약하면, ChatGPT Plus는 기존 모델에 비해 더 크고 복잡하며, 더 많은 데이터와 연산 능력이 필요하지만, 이에 비해 더욱 우수한 성능과 다양한 작업을 수행할 수 있습니다.

Free Plan(무료)과 ChatGPT Plus(유료) 플랜의 차이입니다. ChatGPT Plus의 경우 월 20$의 구독 요금이 발생합니다.

유료구독의 경우 해외 결재가 가능한 카드가 필요합니다. 아래의 정보를 입력 후 [구독하기] 버튼을 누르면 월 20$요금으로 ChatGPT Plus의 사용이 가능합니다.

– My account: 계정정보를 보여줍니다.

– Updates & FAQ: 업데이트 상황과 질문답변을 보여줍니다.

– Log out: 로그아웃 합니다.

03 챗GPT 사용해 파이썬 프로그램 만드는 방법 익히기

ChatGPT와 대화는 다음과 같이 질문-답변 형식으로 진행합니다.

❶ ChatGPT에게 질문한 내용이 표시됩니다. 질문은 영어, 또는 한글로 입력해도 모두 답변 받을 수 있습니다.

❷ 답변이 표시됩니다. 답변은 검색엔진처럼 즉시 답하는 형식이 아니라 인공지능이 답변을 써내려 가는 형식으로 이루어집니다.

만약 질문의 답변이 마음에 들지 않을 경우에는 똑같은 질문을 다시하거나 [Regenerate response] 버튼을 누르면 새로운 답변을 받을 수 있습니다. 새로운 답변을 받을 경우 답변 옆에 [번호가] 생성 되며 이전답변은 지우지 않고 새로운 답변을 함께 볼 수 있습니다.

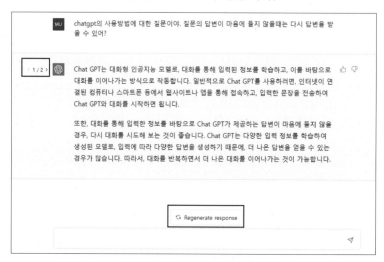

질문 내용 변경도 가능합니다. 질문 옆에 [수정] 아이콘(✑)을 클릭하면 질문 내용을 수정할 수 있습니다.

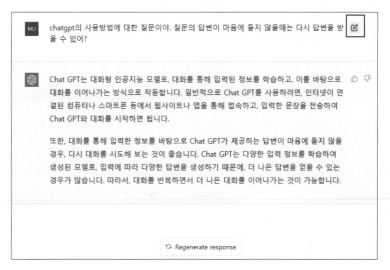

질문 수정 후 [Save & Submit] 버튼을 눌러 수정된 질문으로 다시 질문이 가능합니다. 질문도 이전의 질문이 남아 있어 수정되기 전의 질문도 확인이 가능합니다.

앞으로 ChatGPT를 활용해 40가지 주제의 다양한 파이썬 프로그램을 만들어 볼 것입니다.

ChatGPT가 질문한 프로그램을 만들기 위한 답변한 코드는 여러분이 필요에 따라 수정하면서 원하는 최종 결과물을 완성시킬 수 있습니다. 즉, 챗GPT와 협업을 통해 파이썬으로 원하는 프로그램을 개발하는 것이지요.

예를 들어 ChatGPT에게 "파이썬으로 점수 계산기를 만들어줘"라고 질문하면 ChatGPT는 다음과 같이 점수 계산기 프로그램의 소스 코드를 만들어줍니다. ChatGPT 만든 다음 코드를 참고하여 필요에 따라 소스 코드를 직접 수정하거나 추가 질문을 통해 원하는 점수 계산기 프로그램을 완성시킬 수 있습니다.

CHAPTER

01

파이썬
시작하기

파이썬에 대해 간단히 알아보고 PC에 파이썬 개발환경을 설치하고 파이썬의 기초문법에 대해 알아봅니다.

01 파이썬이란?

파이썬이란 1991년 귀도 반 로섬(Guido van Rossum)이 만든 프로그램 언어입니다. 쉽고 간결하고 강력한 기능 덕분에 파이썬은 2023년 03월 기준 1위의 프로그램 언어입니다.

Mar 2023	Mar 2022	Change		Programming Language	Ratings	Change
1	1			Python	14.83%	+0.57%
2	2			C	14.73%	+1.67%
3	3			Java	13.56%	+2.37%
4	4			C++	13.29%	+4.64%
5	5			C#	7.17%	+1.25%
6	6			Visual Basic	4.75%	-1.01%
7	7			JavaScript	2.17%	+0.09%
8	10	^		SQL	1.95%	+0.11%
9	8	v		PHP	1.61%	-0.30%
10	13	^		Go	1.24%	+0.26%
11	9	v		Assembly language	1.11%	-0.79%
12	15	^		MATLAB	1.08%	+0.28%
13	12	v		Delphi/Object Pascal	1.06%	-0.06%

출처: 티오베 https://www.tiobe.com/tiobe-index/

〈챗GPT를 활용한 파이썬 문법 배우기 입문〉 부록 PDF 파일 제공

파이썬 초보이시거나 파이썬 문법 학습이 필요한 분들을 위해 〈챗GPT를 활용한 파이썬 문법 배우기 입문〉 내용을 부록 PDF 파일로 제공합니다.
부록 PDF 파일 다운로드 방법은 4쪽을 참고합니다.

02 파이썬 언어의 특징 및 장점

파이썬 언어의 특징과 장점에 대해서 알아보겠습니다.

❶ 파이썬은 인터프리티 언어입니다.

프로그램 언어는 컴퓨터가 알아들을 수 있는 기계어로 바뀌어 컴퓨터에게 전달되어야 합니다. 파이썬 언어는 인간이 만든 코드를 기계어로 변경하여 컴퓨터에게 전달하는 명령어 해석기가 존재 합니다. 우리가 코드를 만들고 실행하면 한 줄 한 줄 명령어 해석기가 코드를 해석하여 컴퓨터에게 전달하여 동작합니다. 코드를 만들고 바로 실행할 수 있습니다.

프로그램 작성과 실행 2단계로 코드의 실행이 가능합니다.

❷ 간결한 코드와 쉬운 문법으로 배우기 쉽습니다.

❸ 무료로 사용 가능합니다.

❹ 다른 언어와 쉽게 상호작용이 가능합니다.

예를 들어 파이썬 언어의 단점으로는 속도가 느리다는 단점이 있습니다. 빠른속도를 필요로 할 때는 C언어로 만든 라이브러리 등을 사용하여 빠른속도로 처리할 수 있습니다.

❺ 윈도우, 맥OS, 리눅스 등에서도 동일한 코드로 실행 시킬 수 있습니다.

❻ 라이브러리가 많습니다. 위의 5가지 내용은 생각하지 않아도 될 정도로 라이브러리가 많다는 장점만으로도 충분히 배울만한 의미가 있습니다.

03 파이썬 개발환경구성

컴퓨터에 파이썬을 설치한다는 것은 파이썬 설치 + 통합개발환경 IDE 설치 이 두 가지를 설치해야 합니다. 일반적으로 파이썬을 설치하면 간단한 IDE가 설치되지만 파이썬 언어를 다루기에는 부족한 점이 많아 통합개발환경을 추가적으로 설치합니다. 파이썬의 경우 파이썬 사이트에서 다운로드 받아 설치를 해도 사용하는데 무방하나 많이 사용하는 라이브러리 등이 추가된 아나콘다를 이용하여 설치합니다.

아나콘다는 파이썬과 함께 많이 사용하는 라이브러리가 추가되어 라이브러리를 추가적으로 설치하는 수고를 덜어주고 또한 가상환경 등을 쉽게 구성할 수 있게 도와줍니다.

파이썬을 개발하기 위한 통합 개발환경의 경우 파이참과 VS CODE를 많이 사용합니다. 각각의 장단점이 있지만 이 책에서는 주로 VS CODE를 이용합니다. VS CODE를 선택한 이유로는 두 가지가 있으며, 첫 번째로는 프로그램이 가볍습니다. 이 책을 필요로 하는 곳은 전문 개발자보다는 필요에 의해 파이썬을 써야 하는 곳일 것으로 생각하여 컴퓨터의 성능이 좋지 않아도 잘 동작할 수 있는 개발환경을 선택하였습니다. 물론 파이참 IDE가 엄청 고성능에서 동작하지는 않지만 두 개와 비교하자면 VS CODE가 프로그램이 가볍습니다.

두 번째 이유로는 주피터 노트북의 호환 여부입니다. 주피터 노트북의 경우 코드를 한 번에 실행하지 않고 코드를 나누어 실행하고 추가하는 방식의 파이썬 코딩방식으로 웹크롤링이나 데이터분석을 할 때 유용하게 사용할 수 있는 기능입니다. 주피터 노트북의 경우 VS CODE는 무료로 사용이 가능하나 파이참의 경우 유료버전에서만 사용할 수 있어서 주피터 노트북을 무료로 사용할 수 있는 VS CODE를 선택하였습니다. 우리가 진행하는 작품 중에 주피터 노트북의 방식으로 코드를 만들고 진행하는 작품이 여러 개 있습니다. 아나콘다를 설치하면 주피터 노트북이 기본설치 됩니다.

다른 파이썬 개발툴에는 서브라임 텍스트, 노트패드++ 등이 있습니다. 물론 좋은 툴이지만 파이참과 VS CODE에 비해 사용빈도가 낮아 이 책에서는 다루지 않았습니다. 통합개발환경은 코드를 작성할 때 도움을 주는 도구로 파이썬을 개발하기위해서 자신이 편한 개발환경을 선택하여 사용하면 됩니다. 극단적으로는 윈도우의 기본 메모장으로도 코드를 작성하여 개발할 수도 있습니다만 불편하여 사용하지 않을 뿐입니다.

이제 아나콘다와 VS CODE를 설치합니다.

파이썬(명령어 해석기)	통합개발환경
1. 파이썬 2. 아나콘다(선택)	1. 파이참 2. VS CODE(선택) 3. 서브라임 텍스트 4. 노트패드++

개발환경은 아나콘다와 vscode의 업데이트가 되면서 수시로 변경될 수 있습니다. 필자의 블로그에 최신 설치방법으로 항상 업데이트 되고 있으므로 책에 설명된 방법으로 설치되지 않을 시 아래의 블로그에 접속하여 설치를 진행합니다.

• https://munjjac.tistory.com/2

04 아나콘다 다운로드 및 설치하기

아나콘다는 파이썬 + 많이 사용하는 라이브러리가 설치된 파이썬 환경입니다. 또한 아나콘다에서는 파이썬의 가상환경 및 버전관리를 쉽게 구성 할 수 있습니다.

※ PC에 다른 파이썬이 설치되어 있다면 파이썬을 삭제 후 아나콘다의 설치를 진행합니다.

01. 구글에서 "anaconda download"를 검색 후 아래 사이트에 접속합니다. 또는 다음의 링크 주소를 통해 직접 접속합니다.

• https://www.anaconda.com/products/individual

02 [Download] 아이콘을 클릭하여 Anaconda Distribution(아나콘다 배포판) 버전을 다운로드 받습니다.

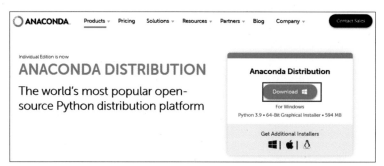

03 [내 PC 〉 다운로드] 경로에 다운로드 받은 Anaconda를 더블클릭하여 설치합니다. 다운로드 받는 시점의 버전은 다를 수 있습니다. 최신 버전을 설치합니다.

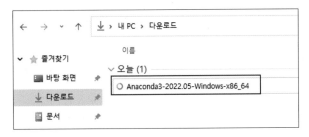

04 [Next〉]를 클릭하여 설치를 진행합니다.

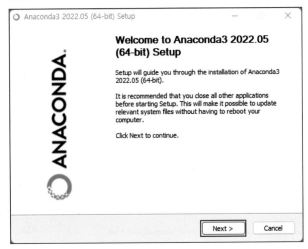

05 [I Agree](동의)를 클릭하여 다음으로 진행합니다.

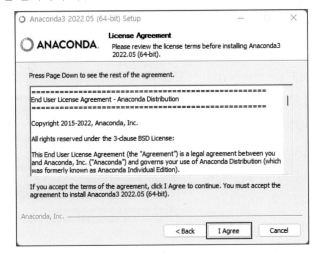

06 Just Me를 선택 후 [Next 〉]를 눌러 계속 진행합니다.

※ 아나콘다의 정책이 변경되어 All User로 선택시 환경 변수가 자동으로 등록되는 옵션을 선택 할 수 없습니다.

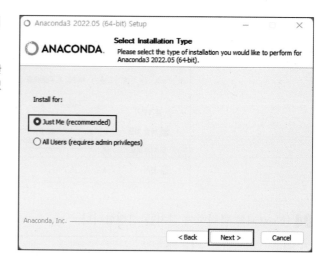

07 기본설치 위치를 변경하지 않고 [Next 〉]를 눌러 계속 진행합니다.

기본 설치위치는 C:₩Users₩jang₩ anaconda3로 jang은 윈도우의 계정 이름입니다. 자신의 계정 이름아래 설치합니다. 자신의 윈도우의 계정이 한글일 경우 아나콘다 설치 후 다양한 문제가 발생합니다. 계정명이 한글 또는 숫자로 되어있는 경우에는 [Browse…]을 클릭하여 C폴더 아래 anaconda3 폴더를 생성 후 경로를 c:₩anaconda3 의 경로에 설치하여 주세요.

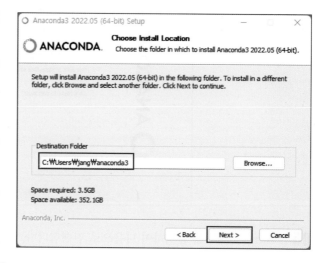

08 [add anaconda3 to my path environment variable] 부분에 체크한 다음 [Install]을 클릭하여 설치를 진행합니다. add anaconda3 to my path environment variable 옵션은 윈도우에 아나콘다가 설치된 위치를 등록하는 과정입니다. python, pip등의 명령어를 윈도우의 어느 경로에서 입력하더라도 아나콘다가 설치된 위치가 등록되어 명령어를 실행할 수 있도록 합니다.

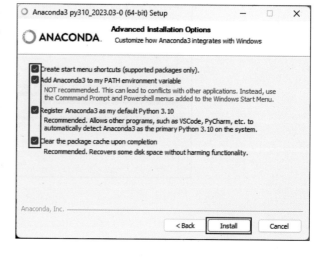

09 설치가 완료되었습니다. [Next >]를
눌러 계속 진행합니다.

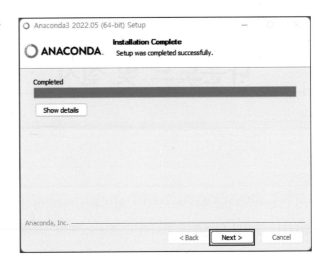

10 [Next >]를 눌러 계속 진행합니다.

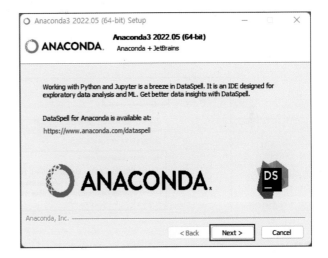

11 [Finish]를 눌러 설치를 완료합니다.

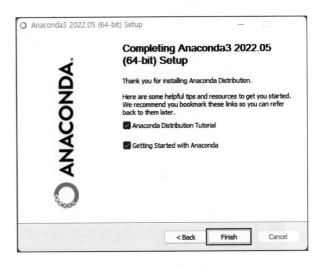

05 VS Code(비주얼스튜디오 코드) 다운로드 및 설치

VS Code(비주얼스튜디오 코드)는 윈도우를 만든 마이크로소프트에서 만든 무료 소스코드 편집 툴입니다. 파이썬 언어뿐만 아니라 C, C++, 자바 등 대부분의 프로그램언어를 사용할 수 있습니다. 프로그램이 가볍고 다양한 부가적인 기능을 추가적으로 설치 할 수 있어 많이 사용되고 있습니다.

01 구글에서 "vscode"를 검색 후 아래의 사이트에 접속합니다. 또는 다음 사이트에 접속합니다.

• https://code.visualstudio.com/

02 [Download for Windows] 버튼을 클릭하여 vscode를 다운로드 받습니다.

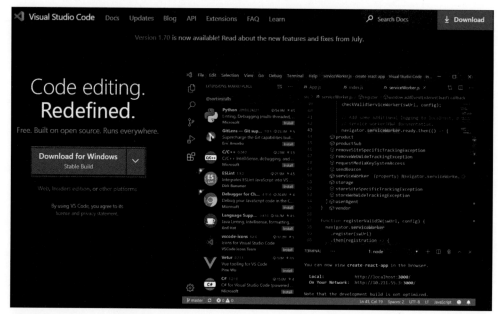

03 [내 PC 〉 다운로드] 경로에 다운로드 받은 VSCode 를 더블클릭하여 설치합니다. 다운로드 받는 시점의 버전은 다를 수 있습니다. 최신 버전을 설치합니다.

[동의합니다]에 체크 후 [다음]을 눌러 설치를 진행합니다.

04 설치위치는 변경하지 않습니다. [다음]을 눌러 계속 진행합니다.

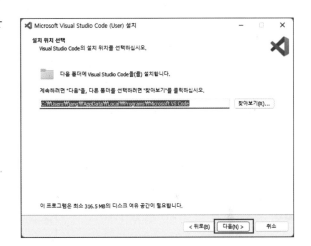

05 [다음]을 눌러 계속 진행합니다.

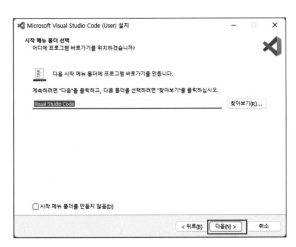

06 [다음]을 눌러 계속 진행합니다. 바탕
화면에 바로가기 만들기는 옵션으로 윈도
우의 바탕화면에 아이콘이 있으면 실행하
기 편해 체크 후 설치를 진행하였습니다.

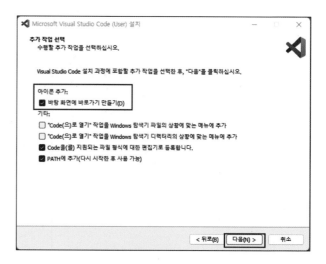

07 [설치]를 눌러 설치를 진행합니다.

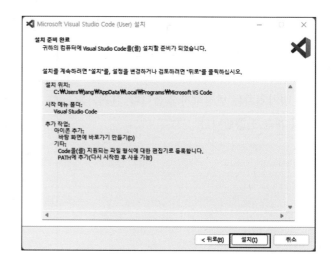

08 [종료]를 눌러 설치를 마칩니다.

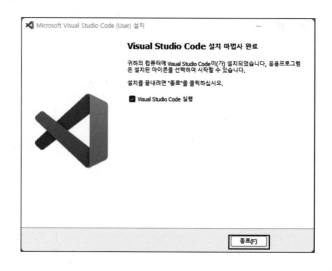

09 VS Code를 실행하였습니다. VS Code의 장점으로는 다양한 프로그램 언어를 지원합니다. 하지만 언어를 사용하기 위해서는 추가적인 기능을 설치해야 합니다. 파이썬 언어를 사용하기 위해 파이썬을 설치합니다.

VS Code의 왼쪽 아래 부분의 [⊞ Extensions] 아이콘을 클릭합니다.

[⊞ Extensions]에서는 VS Code에 다양한 기능을 추가 할 수 있습니다.

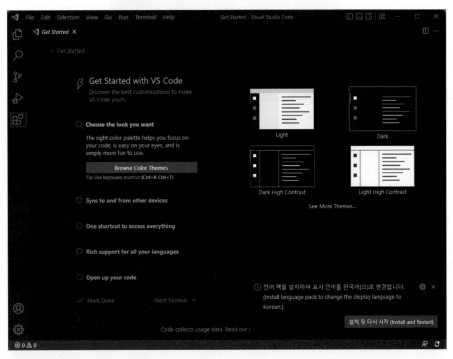

10. "python"을 검색 후 검색된 [Python] 파란색의 [Install] 버튼을 클릭하여 설치합니다.

아래 개발자의 이름이 출력되는데 Micrisoft에서 만든 Python을 설치합니다.

VS Code에 설치하는 Python은 명령어해석기(인터프리터)가 아닌 InteliSense, liniting, 디버깅, 코드탐색, Jupyter Notebook 지원 등의 기능 지원하기 위해 설치합니다.

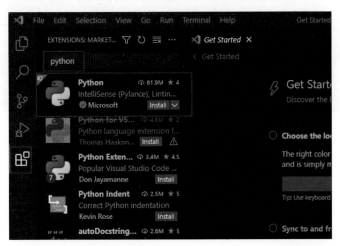

11 VS Code를 한국어로 사용하기 위해 "korean"을 검색 후 Korean Language Pack을 설치합니다.

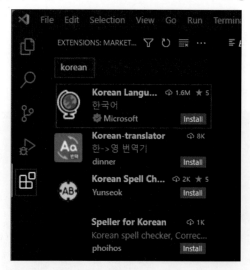

12 한국어 팩을 설치 완료 후 오른쪽 아래 Restart를 눌러 VS Code를 다시 시작합니다. 또는 수동으로 VS Code를 종료하였다가 다시 시작해도 됩니다.

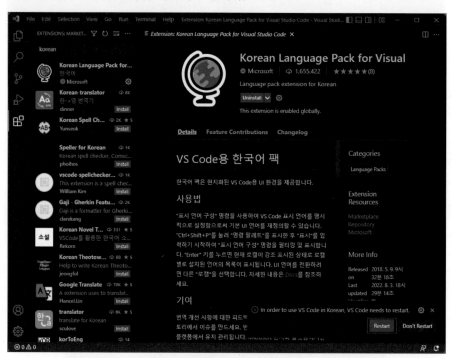

13 한국어로 VS Code가 변경되었습니다.

06 VS Code(비주얼 스튜디오 코드)에 유용한 기능 설치하기

VS CODE는 여러 확장 기능을 추가하여 설치 할 수 있습니다. 추가적인 기능을 프로그램에 도움을 주는 기능으로 설치하지 않아도 프로그램의 동작에는 전혀 문제가 없습니다.

첫 번째로 vscode-icons는 VS CODE의 탐색기에서 밋밋하게 보이는 폴더 및 파일을 아이콘으로 변경하여 보기 편하도록 합니다.

01 icons을 검색 후 vscode-icons를 설치합니다.

02 설치 완료 후 VS Code에서 파일 아이콘 테마 선택 부분에서 VSCode Icons를 클릭하여 선택합니다. 창을 무심코 닫았다면 [파일 아이콘 테마 설정]을 클릭하여 다시 설정합니다.

03 VS CODE의 기본 상태에서 폴더와 파일이 다음과 같이 보입니다.

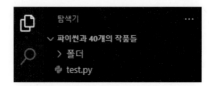

04 vscode-icons을 설치 후 테마를 적용하면 다음과 같이 폴더와 파일에 아이콘이 생겨 보기가 편합니다.

두 번째로는 indent-rainbow입니다. 파이썬 언어는 들여쓰기를 통해 조건문 안에서 동작하거나 함수 등 속해있다고 판단합니다. indent-rainbow는 코드에서 칸별로 색상을 표시해줍니다. indent의 뜻은 들여쓰기입니다.

indent-rainbow는 무지개 들여쓰기로 해석 할 수 있습니다.

01 indent를 검색 후 indent-rainbow를 설치합니다.

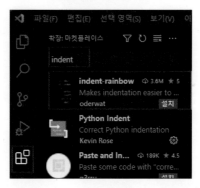

02 VS CODE에서 기본으로 적용되는 스타일로 코드를 작성하였을 때입니다.

03 indent-rainbow를 적용하였을 때 코드 앞에 색상이 생겨 코드의 가독성이 좋아집니다.

04 VS CODE에는 다양한 추가 기능들이 있으니 추가 기능을 찾아서 자신의 개발환경을 구성하는 것도 하나의 재미입니다.

CHAPTER

02

파이썬의 기본
문법 익히기

파이썬 언어의 주요 함수와 기본 문법을 간단한 코드를 직접 작성하면서
알아보겠습니다.

01 출력 print

프로그램 작업 내용이 무엇인지 알 수 있도록 메시지를 출력할 때 print() 함수를 사용합니다. print 함수를 이용해서 코드의 출력결과를 확인해 보겠습니다.

VS CODE를 실행합니다.

[새폴더 아이콘]을 클릭하여 [0.파이썬 기초문법] 폴더를 생성합니다.

> ☑ 일잘러 파이썬과 40개의 작품들 코드
> ☑ 0.파이썬 기초문법

[0.파이썬 기초문법] 폴더에서 [새파일] 아이콘을 클릭하여 [1_print.ipynb] 이름으로 파일을 생성합니다.

> ☑ 0.파이썬 기초문법
>   1_print.ipynb

또는 [0.파이썬 기초문법] 폴더 에서 마우스 오른쪽을 눌러 [새 파일]을 클릭 후 [1_print.ipynb] 이름으로 파일을 생성합니다.

> ☑ 일잘러 파이썬과 40개의 작품들 코드
> ☑ 0.파이썬 기초문법
>   1_print.ipynb   새 파일

[.ipynb]확장자는 주피터 노트북의 확장자로 코드를 추가하면서 프로그램 할 수 있는 방식입니다. [.py]의 파일이 일반적인 파이썬 확장자입니다. [.py] 파일은 여러줄의 코드가 있더라도 한 번에 실행됩니다. 우리가 만들려고 하는 40개의 프로젝트는 대부분 [.py]로 되어 있습니다. 그럼 왜 주피터 노트북 형식의 [.ipynb]로 기초 문법을 시작했냐면 코드를 추가하면서 테스트할 수 있는 방식이다 보니 기초 문법을 배우기에 좋아서 선택하였습니다. 파이썬의 문법을 배우거나 웹크롤링, 데이터분석등에서는 주피터 노트북의 방식의 코딩이 파이썬 코드를 만드는데 좋습니다.

1_print.ipynb 파일이 생성되었습니다. [.ipynb]의 확장자로 파일을 생성하면 VS CODE에서는 자동으로 주피터 노트북의 형식으로 코드를 생성하고 테스트할 수 있습니다. 단 주피터 노트북은 아나콘다로 파이썬을 설치할시 자동으로 설치되어있습니다. 일반 파이썬을 설치하면 추가적으로 주피터 노트북은 설치해야 합니다.

파이썬 인터프리티에 대한 설정은  을 클릭 후 선택할 수 있습니다.

아나콘다 설치 후 자동으로 연동된 base conda를 선택합니다.

파이썬에서 출력을 확인하는 print에 대해서 코드를 만들면서 출력결과를 확인하여 봅니다.

다음의 코드를 작성하고 결과를 확인하여 봅니다.

실행할 때는 다음의 버튼을 눌러 코드를 실행합니다.

실행한곳 바로 아래 실행 결과가 표시됩니다.

코드	결과
print("hello")	hello

print문 안에 " " 쌍따옴표로 감싼 후 문자를 입력 후 실행을 하면 쌍따옴표 안에 값이 출력됨을 확인 할 수 있습니다.

[+코드]를 눌러 코드영역을 추가한 다음 코드를 작성합니다. 코드의 실행은 자신의 코드영역 왼쪽에 있는 실행버튼을 누르면 자신의 영역의 코드만 실행됩니다.

' ' 따옴표로 감싼 문자의 값을 입력하고 실행하여도 결과는 동일합니다.

코드	결과
print('hello')	hello

주피터 노트북의 형식으로 코드를 테스트 하는 경우는 코드를 추가할 때  를 눌러 코드 영역을 추가한 다음 결과를 확인합니다.

쌍따옴표와 따옴표는 문자열 중간에 쌍따옴표를 넣고 싶을 경우 따옴표로 감싼 후 출력할 때 함께 사용합니다.

코드	결과
print('hello '안녕하세	hello "안녕하세요"

반대로 문자열 중간에 따옴표를 넣고 싶을 경우 쌍따옴표로 감싼 후 출력합니다.

코드	결과
print("hello '안녕하세요'")	hello '안녕하세요'

코드를 추가하다보면 맨 아래 추가가 되지 않고 중간에 추가될 경우가 있다. 위쪽의 [+코드] 버튼을 누르면 현재 활성화된 코드 바로 아래 코드가 추가됩니다. 맨 아래코드를 선택 후 [+코드]를 누르는 방법이나 마우스를 아래쪽으로 이동하면 아래 부분에 [+코드]가 생성됩니다.

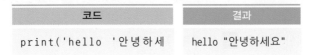

중간에 코드를 생성하고 싶다면 생성하고싶은 중간에 [+코드] 버튼을 눌러 생성하거나 생성하고 싶은 코드영역 위의 코드를 선택 후 위쪽에 [+코드] 버튼을 눌러 생성합니다.

여러 문자를 ,(콤마)를 이용하여 합쳐서 출력할 수 있습니다.

코드	결과
print('안녕','하세요','반갑습니다')	안녕 하세요 반갑습니다

콤마를 사용하여 문자 사이에 자동으로 띄어쓰기가 된 것을 확인 할 수 있습니다.

문자를 더해 출력할 수 있습니다. 이 경우 콤마와 같이 띄어쓰기가 자동으로 되지 않습니다.

코드	결과
print('안녕'+'하세요'+'반갑습니다')	안녕하세요반갑습니다

여러줄을 입력하고 싶을 경우 """ 쌍따옴표 3개로 시작 후 줄을 바꾼 후 """ 쌍따옴표 3개로 종료하면
여러줄의 출력이 가능합니다.

코드	결과
print("""안녕하세요 오늘은 날씨가 좋네요""")	안녕하세요 오늘은 날씨가 좋네요

따옴표 3개로 하여도 쌍따옴표와 동일하게 동작합니다.

코드	결과
print('''안녕하세요 오늘은 날씨가 좋네요''')	안녕하세요 오늘은 날씨가 좋네요

\(역슬래쉬)를 이용하여 줄바꿈을 할 수도 있습니다. 파이썬에서는 같은 줄로 인식합니다. 어느 경우 사용을 하냐면 실제로는 한 줄인데 너무 길어서 보기 힘들 때 코드의 가독성이 떨어집니다. 이럴 경우 줄을 바꿔 보기편한 코드로 만들 때 사용합니다.

코드	결과
print("안녕하세요" \ "오늘은 날씨가 좋네요")	안녕하세요오늘은 날씨가 좋네요

.format 형식을 이용하여 변수를 바로 출력할 수 있습니다. 변수에 대해서 바로 뒤에서 자세히 설명합니다.

출력하고 싶은 부분에 {}빈 중활호를 입력 후 .format에 값을 대입하면 됩니다.

코드	결과
a = 123 b = "안녕하세요." print("a값:{} b값:{}".format(a,b))	a값:123 b값:안녕하세요.

첫 번째 중괄호에는 a값인 123이 대입되고 두 번째 중괄호는 b의 값 "안녕하세요"가 대입됩니다.

.format 방식은 값이 늘어나면 헷갈릴 수 있다는 단점이 있습니다. 파이썬 3.6버전이상부터 사용할 수 있는 f-string 표현방법이 있습니다. 출력할 문자열 앞에 f를 붙인 다음 { 변수} 중괄호 안에 표현할 변수를 넣어주면 됩니다.

코드	결과
a = 123 b = "안녕하세요." print(f"a값:{a} b값:{b}")	a값:123 b값:안녕하세요.

문자열 앞에 f를 붙여 f-string방식으로 사용하였고 {}중괄호 안에 있는 a, b값이 잘 출력되었습니다. f-string 방식이 .format방식에 비해 직관적이어서 필자는 주로 이 방법을 사용합니다.

02 input

[0.파이썬 기초문법] 폴더에 [2_input.ipynb]로 파일을 생성 후 진행합니다.

input을 이용하여 사용자의 입력값을 받을 수 있습니다.
이제 input을 이용하여 사용자의 입력값을 받아봅니다

코드를 실행하면 VS CODE에서 주피터 노트북 방식의 입력은 창 위에 입력할 수 있는 창이 생성됩니다.
안녕하세요~ 를 입력 후 Enter를 눌러 값을 입력하여 봅니다.

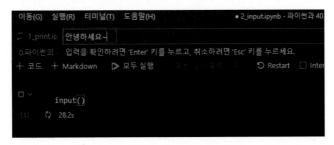

입력한 '안녕하세요~' 가 출력됨을 확인 할 수 있습니다. 여기서 따옴표의 의미는 문자열을 의미합니다.

결과

'안녕하세요~'

입력값으로 123을 입력하여 봅니다.

결과는 역시 따옴표로 감싼 문자열 형태의 123이 출력되었습니다. 우리는 숫자로 입력하였지만 파이썬에서는 모두 문자열로 입력됩니다.

다음의 코드를 작성 후 안녕하세요를 입력한다.

코드	결과
input("값을 입력하여 주세요:")	'안녕하세요'

input안에 문자열을 입력하여 사용자에게 보여줍니다.

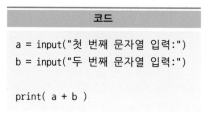

다음의 코드를 작성한 다음 첫 번째 문자열은 "안녕" 두 번째 문자열은 "하세요"를 입력하여 본다.

코드
a = input("첫 번째 문자열 입력:") b = input("두 번째 문자열 입력:") print(a + b)

결과로는 안녕하세요 가 출력되었습니다.

코드를 다시 실행하여 첫 번째 문자열은 "100" 두 번째 문자열은 "200"을 입력하여 봅니다.

결과는 100200 이 출력되었습니다. 100+200은 300이 출력될거 같았으나 input으로 입력받은 값은 모두 문자열이기 때문에 100의 문자열과 200의 문자열이 더해진 100200이 출력되었습니다. 문자열의 합은 문자열 두개를 이어 붙힌 형태입니다.

03 변수 – 숫자형, 문자형, 소수점형, BOOL형

[0.파이썬 기초문법] 폴더에 [3_ 변수.ipynb]로 파일을 생성 후 진행합니다.

```
3_변수.ipynb
```

파이썬에서의 변수는 =을 기준으로 왼쪽의 값이 오른쪽의 값을 가리킵니다. 다음의 코드를 작성하고 결과를 확인하여 봅니다.

코드	결과
a = 10 b = 10 c = a + b print(c)	20

20이라는 결과가 출력되었습니다. a 변수는 10의 값을 가리키고 있고 b 변수도 10의 값을 가리키고 있습니다. c 변수는 a와 b의 합이므로 20이 출력 되었습니다. =을 기준으로 왼쪽의 변수가 오른쪽의 주소값을 가리키고 주소를 찾아가면 실제 값이 무엇인지 알 수 있습니다. 변수를 사용할 때는 실제 값을 사용하기 때문에 10 + 10이 계산이 되어 20이 되었습니다.

코드를 추가하여 다음의 코드를 작성하고 결과를 확인합니다.

코드	결과

d = '10'
 	
print(c + d)
	``
	--- 	
	TypeError Traceback (most recent call last)
	<ipython-input-2-2ff35b9a4ac3> in <module>
	      1 d = '10'
	      2
	----> 3 print(c + d)
	
	TypeError: unsupported operand type(s) for +: 'int' and 'str'
	``

결과로 에러가 발생하였습니다. 에러가 발생한 이유는 c의 값은 int형으로 숫자형입니다. 하지만 d는 '10'입니다. 따옴표나 쌍따옴표 안에 있는 값은 문자의 형태로 문자와 숫자를 더할 수 없다는 의미입니다.

※ 주피터 노트북은 코드를 조각조각 실행할 수 있습니다. 코드를 실행하고나면 값들은 컴퓨터의 메모리에 상주하고 있습니다. 다음의 코드를 실행할 때 메모리에 상주한 변수의 값들은 지워지지 않습니다. 왼쪽의 [1], [2]의 숫자는 코드를 실행한 숫자를 의미합니다. 메모리에 상주된 값을 지고 싶다면 [Restart] 버튼을 누르면 됩니다. VS CODE를 다시 실행했을 때는 당연하게도 값들은 메모리에 있지 않고 다시 실행시켜야 합니다.

문자열을 숫자형으로 int()를 사용하여 숫자형으로 변환할 수 있습니다. 다음의 코드를 작성하여 문자를 숫자로 변환하여 계산하여 봅니다.

코드	결과
d = '10' print(c + int(d))	30

문자 '10'이 숫자 10으로 변환하여 20이 저장된 c의 값과 더해 30이 출력되었습니다.

숫자형 20이 저장된 c의 값을 문자열로 변환하여 더할 수도 있습니다. 숫자형을 문자형으로 변환하기 위해서는 str()으로 변환하면 됩니다.

코드	결과
d = '10' print(str(c) + d)	2010

문자로 변환된 '20'과 문자 '10'이 더해져 2010이 출력되었습니다.

소숫점형 자료형도 있습니다.

코드	결과
e = 3.14 f = 10 print(e + f)	13.14

소숫점형 자료형과 숫자형 자료를 더했을 경우는 에러가 발생하지 않습니다. 같은 숫자 형태이 때문에 결과는 자동으로 소수점형으로 출력됩니다.

다음의 코드를 작성합니다. 위에서 테스트 했던 코드와 동일한 코드입니다.

코드	결과
a = 10 b = 10 c = a + b print(c)	20

결과로 20이 출력되었습니다.

다음은 숫자형을 float()을 이용하여 소수점 형으로 변환 후 더했을 때입니다.

코드	결과
a = 10 b = 10 c = float(a) + float(b) print(c)	20.0

20.0의 결과가 출력되었습니다. 소수점형으로 출력되었습니다. float()을 이용하여 소수점형으로 변환할 수 있습니다.

True(참) 과 Flase(거짓)의 두 가지 값을 가지는 bool 형에 대해 알아봅니다.

코드	결과
a_bool = True b_bool = False a_int = 1 b_int = 0 print(a_bool) print(b_bool) print(type(a_bool)) print(type(b_bool)) print(a_int) print(b_int) print(type(a_int)) print(type(b_int))	True False \<class 'bool'\> \<class 'bool'\> 1 0 \<class 'int'\> \<class 'int'\>

값의 입력을 True나 False로 초기값을 주면 bool형으로 변수가 초기화 됩니다.
값을 출력하면 True, False로 출력됩니다. 숫자 1,0은 정수형으로 bool형과는 다른 데이터 타입입니다. type의 명령어로 타입을 확인해보면 True, False는 bool 숫자 0,1은 int(숫자형)으로 다름을 알 수 있습니다.

04 자료형 – 리스트, 튜플, 딕셔너리, set

[0.파이썬 기초문법] 폴더에 [4_자료형.ipynb]로 파일을 생성 후 진행합니다.

```
4_자료형.ipynb
```

리스트는 여러 개의 데이터를 하나의 변수로 묶어 표현할 수 있는 자료형입니다.
리스트를 생성하기 위해서는 [] 대괄호로 데이터를 묶습니다.

코드	결과
a_list = [1,2,3,4,5] print(a_list) print(a_list[0]) print(a_list[1])	[1, 2, 3, 4, 5] 1 2

a_list를 생성하였고 숫자 1,2,3,4,5의 값을 넣었습니다.
a_list의 출력은 [1, 2, 3, 4, 5] 으로 리스트형태로 출력되었습니다.
a_list[0]은 리스트의 0번지 값인 1이 출력되었습니다. 리스트는 0번지부터 시작합니다.
a_list[1]은 리스트의 1번지 값인 2가 출력되었습니다. 리스트는 0번지부터 시작합니다.

리스트의 데이터를 자를 수 있습니다.

코드	결과
print(a_list[:2]) print(a_list[2:])	[1, 2] [3, 4, 5]

a_list[:2]으로 처음부터 2번째 이전까지의 데이터를 가져옵니다. [1, 2]의 데이터를 가져왔습니다.
a_list[2:]으로 2번째부터 마지막까지의 데이터를 가져옵니다. [3, 4, 5]의 데이터를 가져왔습니다.

빈 리스트를 생성하고 데이터를 하나씩 추가하여 넣을 수 있습니다.

코드	결과
b_list = [] b_list.append(1) b_list.append(2) b_list.append(3) print(b_list)	[1, 2, 3]

b_list = [] 빈 리스트를 생성합니다.

b_list.append(1) 로 숫자 1을 b_list에 넣습니다.

숫자 1,2,3을 b_list에 순차적으로 넣었습니다.

b_list의 출력결과 [1, 2, 3]이 출력되었습니다.

리스트에는 여러 타입의 변수형태를 저장할 수 있습니다.

코드	결과
c_list = [1,3.14,"hello", [1,2,3]] print(c_list) print(c_list[1:3])	[1, 3.14, 'hello', [1, 2, 3]] [3.14, 'hello']

c_list 에는 숫자형, 소수점형, 문자형, 리스트형 등 다양한 형태의 데이터가 들어갈 수 있습니다.

c_list[1:3]으로 데이터를 자르면 1번지부터 3번지 전까지의 데이터를 가져옵니다. 즉 1,2번지의 데이터를 가져옵니다.

리스트는 데이터를 변경할 수 있습니다.

코드	결과
d_list = [1,2,3,4,5] print(d_list) d_list[0] = 5 print(d_list)	[1, 2, 3, 4, 5] [5, 2, 3, 4, 5]

d_list[0] = 5 를 이용하여 0번지의 데이터를 5로 변경하였습니다.

튜플 자료형을 알아봅니다. 튜플은 ()소괄호로 데이터를 묶습니다. 튜플은 리스트와 매우 비슷하나 튜플의 데이터는 변경할 수 없다는 특성이 있습니다. 변경할 수 없다는 특성만 다르고 리스트와 동일합니다.

코드	결과
a_tuple = (1,2,3,4,5) print(a_tuple)	(1, 2, 3, 4, 5)

결과 ()소괄호로 데이터가 묶여있어 튜플형입니다.

튜플의 데이터를 변경해봅니다.

코드	결과

`a_tuple[0] = 5`	`-------------------------------------------------------------------`
	`TypeError                          Traceback (most recent call last)`
	`<ipython-input-10-0775dda10b17> in <module>`
	`----> 1 a_tuple[0] = 5`
	
	`TypeError: 'tuple' object does not support item assignment`

에러가 발생하며 데이터를 변경할 수 없습니다.

딕셔너리형 자료형에 대해 알아봅니다. 딕셔너리는 말 그대로 사전이라는 뜻이며 key와 value의 형태로 구성됩니다.

딕셔너리형의 표현은 {} 중괄호로 데이터를 묶습니다.

{key1:value,key2:value,key3:value} 형태로 값을 묶습니다. key값을 이용하여 value를 찾습니다.

코드	결과

`a_dic = {'a':1, 'b':2, 'c':'3'}`
`print(a_dic)`
`print(a_dic['a'])`
`print(a_dic['b'])`
`print(a_dic['c'])`
	`{'a': 1, 'b': 2, 'c': '3'}`
	`1`
	`2`
	`3`

a_dic = {'a':1, 'b':2, 'c':'3'} 딕셔너리 형태로 값을 넣었습니다.

a_dic['a'] 'a'의 킷값을 가진 1을 출력합니다.

a_dic['b'] 'b' 킷값을 가진 2을 출력합니다.

a_dic['c'] 'c' 킷값을 가진 3을 출력합니다.

딕셔너리의 킷값은 꼭 문자형태가 아닌 숫자도 가능합니다. 값은 숫자, 문자, 리스트 등 다양한 값을 넣을 수 있습니다.

코드	결과

`b_dic = {1:'a', 'b':[1,2,3], 'c':3}`
`print(b_dic[1])`
`print(b_dic['b'])`
`print(b_dic['c'])`
	`a`
	`[1, 2, 3]`
	`3`

b_dic[1] 1의 킷값을 가진 값 'a'를 출력합니다.

b_dic['b'] 'b'의 킷값을 가진 리스트 [1,2,3]이 출력되었습니다.

b_dic['c'] 'c' 킷값을 가진 값 3을 출력합니다.

새로운 킷값과 데이터를 입력하여 딕셔너리에 데이터를 추가할 수 있습니다.

코드	결과
b_dic['d'] = 4 print(b_dic)	{1: 'a', 'b': [1, 2, 3], 'c': 3, 'd': 4}

'd'의 킷값을 가진 4가 추가되었습니다.

set()의 자료형은 중복이 없는 자료형입니다. set() 안에 [] 리스트의 형태로 데이터를 넣어줍니다.

코드	결과
a_set = set([1,2,3,4]) print(a_set)	{1, 2, 3, 4}

a_set의 이름으로 set() 자료형을 만들었습니다. set() 자료형의 입력은 리스트로 입력합니다.

set()의 자료형에는 중복된 데이터가 있을 수 없습니다. 중복된 값을 set() 자료형에 입력해봅니다.

코드	결과
b_set = set([1,1,2,2,3,3,4,5,6]) print(b_set)	{1, 2, 3, 4, 5, 6}

1,2,3이 중복으로 두 개씩 입력하였지만 중복이 제거되어 하나씩만 남았습니다. set()형은 순서대로 정렬하지 않습니다. 처음에는 순서대로 정렬하는 것처럼 보이지만 실제 순서가 없습니다.

set() 자료형을 이용하여 값을 입력합니다.

코드	결과
c_set = set("python40s") print(c_set)	{'y', 'p', 'o', 't', 's', '4', 'h', '0', 'n'}

출력결과 정렬되지 않고 무작위로 값이 섞였습니다. 데이터를 순서대로 정렬해야 하는 곳에서는 데이터의 순서가 뒤죽박죽 섞이기 때문에 사용할 수 없습니다.

05 연산 – 사칙연산, 논리연산, 비교연산

[0.파이썬 기초문법] 폴더에 [5_연산.ipynb]로 파일을 생성 후 진행합니다.

5_연산.ipynb

사칙연산에 대해 알아봅니다. 사칙연산은 더하기, 빼기, 곱하기, 나누기의 연산입니다. 수학에서 곱하기는 x이지만 파이썬에서는 영어소문자와 헷갈릴 수 있기 때문에 *로 표시됩니다. 거의 모든 프로그램 언어에서 곱하기는 *로 표현됩니다.

코드	결과
print("더하기:",10+20) print("빼기:",10-20) print("곱하기:",10*20) print("나누기:",10/20)	더하기: 30 빼기: -10 곱하기: 200 나누기: 0.5

더하기, 빼기, 곱하기, 나누기의 사칙 연산을 하였습니다.

거듭제곱의 연산도 가능합니다.

코드	결과
print("c**2:",10**2) print("c**3:",10**3) print("c**4:",10**4)	c**2: 100 c**3: 1000 c**4: 10000

로 표시되며 **뒤에 숫자만큼 자신을 곱합니다. c2 는 10*10 c**3는 10*10*10으로 계산됩니다.

몫을 구하는 연산은 // 나머지를 구하는 연산은 %를 사용합니다.

코드	결과
print("몫:",40//6) print("나머지:",40%6)	몫: 6 나머지: 4

40//6은 40을 6으로 나눈 몫으로 6이 출력되었습니다.

40%6은 40을 6을 나눈 나머지 값으로 4가 출력되었습니다.

논리연산에 대해 알아봅니다. 논리연산으로는 or, and, not 이 있습니다.

or 연산은 값이 하나라도 참일 경우에 참인 연산입니다.

코드	결과
print(0 or 0)	0
print(0 or 1)	1
print(1 or 0)	1
print(1 or 1)	1
print(False or False)	False
print(False or True)	True
print(True or False)	True
print(True or True)	True

1일 하나라도 있으면 1이되고 True가 하나라도 있으면 True가 됩니다.

0,1은 int(숫자형)이고 True, Flase는 bool형입니다.

and 연산은 모든 값이 참이 되어야 참인 연산입니다.

코드	결과
print(0 and 0)	0
print(0 and 1)	0
print(1 and 0)	0
print(1 and 1)	1
print(False and False)	False
print(False and True)	False
print(True and False)	False
print(True and True)	True

모든 값이 1 이상이거나, True일 때만 참인 연산입니다.

not은 자신의 상태를 반전시킵니다. True이면 False로 False이면 True로 변경합니다. not은 True 아니면 False의 두 가지 상태만을 가집니다.

코드	결과
print(not 0)	True
print(not 1)	False
print(not False)	True
print(not True)	False

출력되는 값이 반전되었습니다. 숫자 형태로 입력된 0,1도 bool 타입으로 변경되었습니다.

비교연산은 다음 표와 같습니다.

==	두 개의 값이 같을 때 참	〉	왼쪽의 값이 클 때 참
〉=	왼쪽의 값이 크거나 같을 때 참	〈	오른쪽의 값이 클 때 참
〈=	오른쪽의 값이 크거나 같을 때 참	!=	두 개의 값이 같지 않을 때 참

비교연산을 실제 값으로 확인해봅니다

코드	결과
print(10 == 10)	True
print(10 >= 10)	True
print(10 <= 10)	True
print(10 < 5)	False
print(10 > 5)	True
print(10 != 10)	False

10==10 과 같기 때문에 True가 출력됩니다. 파이썬에서 두 개의 값이 같음은 ==(=두개)로 표현합니다. =(=하나) 일 경우 오른쪽의 값을 가르켜라 라는 뜻입니다.

10>=10 10과 10은 크거나 같습니다. 같기 때문에 True입니다.

10<=10 10과 10은 작거나 같습니다. 같기 때문에 True입니다.

10 < 5 10보다 5가 더 큽니다. False입니다.

10 > 5 10이 5보다 더 큽니다. Ture입니다.

10 != 10 10과 10은 같지 않습니다. 같이 때문에 False입니다.

in 은 리스트나 문자열에서 포함된 값을 비교합니다.

리스트에서 값이 포함되어있는지 확인하는 코드입니다.

코드	결과
a_list = ['a',2,'hello',3]	True
print('a' in a_list)	False
print(1 in a_list)	True
print('hello' in a_list)	True
print(3 in a_list)	

a_list에 'a'가 포함되어 있기 때문에 True입니다.

a_list에 1은 포함되어 있지 않기 때문에 False입니다.

a_list에 'hello'가 포함되어 있기 때문에 True입니다.

a_list에 3이 포함되어 있기 때문에 True입니다.

in을 이용하여 리스트 안의 값이 포함되어 있는지 확인할 수 있습니다.

in을 이용하여 문자열에서 문자가 포함되어 있는지 확인도 가능합니다.

코드	결과
a_str = "hello python"	True
print("python" in a_str)	True
print("py" in a_str)	False
print("40" in a_str)	

"hello python"의 문자열에서 python이 포함되어 있기 때문에 True입니다.

"hello python"의 문자열에서 py이 포함되어 있기 때문에 True입니다.

"hello python"의 문자열에서 40은 포함되어 있지 않기 때문에 False입니다.

06 조건문

[0..파이썬 기초문법법] 폴더에 [6_조건문.ipynb]로 파일을 생성 후 진행합니다.

6_조건문.ipynb

파이썬에서 조건문을 사용하여 조건에 만족하면 동작하는 방법에 대해 알아봅니다.

if 조건문을 사용 조건에 만족할 때만 동작하는 코드를 만들어봅니다.
if 조건문 뒤에 :(콜론)을 붙여줍니다.
조건문을 만족하면 동작하는 코드는 조건문에 들여쓰기를 합니다. 통상적으로 [TAB] 키를 이용하여 들여쓰기 합니다. [TAB]키는 개발 툴에 따라 2칸 또는 4칸으로 주로 되어있습니다. 이 책에서는 들여쓰기는 [TAB]을 이용한 4칸으로 합니다. (vs code의 [TAB]키의 기본 옵션이 4칸으로 되어있어 별다른 설정을 수정하지 않고 사용합니다.)
[== 같을 때 참], [!= 다를 때 참]

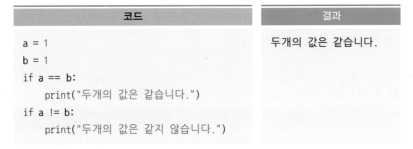

코드	결과

a = 1
b = 1
if a == b:
    print("두개의 값은 같습니다.")
if a != b:
    print("두개의 값은 같지 않습니다.")
	두개의 값은 같습니다.

if a == b: a와 b와 같기 때문에 들여쓰기가 된 print("두개의 값은 같습니다.") 을 실행합니다.
if a != b: a와 b는 값이 다를 때 조건이 만족합니다. 조건이 맞지 않기 때문에 조건에 만족하지 않습니다. a와 b는 숫자 1로 동일합니다.

if~ else 조건문은 if조건이 만족하지 않을 경우 else조건이 실행됩니다.

코드	결과
| ```python
a = 1
b = 2
if a == b:
    print("두개의 값은 같습니다.")
else:
    print("두개의 값은 같지 않습니다.")
``` | 두개의 값은 같지 않습니다. |

if a == b: 조건은 맞지 않으므로 else: 조건을 실행합니다.

if~ elif~ else 조건문으로 여러 개의 조건을 비교할 수 있습니다.

코드	결과
| ```python
a = 1
b = 2
if a > b:
    print("a 값이 더 큽니다.")
elif a < b:
    print("b 값이 더 큽니다.")
else:
    print("두개의 값은 같습니다.")
``` | b 값이 더 큽니다. |

if a > b: 은 만족하지 않습니다.

elif a < b: 조건은 만족하여 실행합니다. 다음 else 조건은 건너뜁니다.

if~ elif ~ else 조건의 경우 쌍으로 동작하며 위에서부터 조건을 비교하다가 만족하는 조건이 실행되면 아래의 조건은 실행되지 않고 건너뜁니다.

[>= 크거나 같을 때 참], [<= 작거나 같을 때 참] 인 조건문을 알아봅니다.

코드	결과
| ```python
a = 1
b = 1
if a >= b:
    print("a 값이 더 크거나 같습니다.")
if a <= b:
    print("a 값이 더 작거나 같습니다.")
``` | a 값이 더 크거나 같습니다.<br>a 값이 더 작거나 같습니다. |

if a >= b: a값이 더 크거나 같습니다 중 같습니다가 만족하여 조건을 실행합니다.

if a <= b: a값이 더 작거나 같습니다 중 같습니다가 만족하여 조건을 실행합니다.
```

비교연산자인 and와 or를 이용한 비교문을 사용할 수 있습니다,

코드	결과

``python
a = 1
b = 1
c = 2
d = 2
if a == b and c == d:
    print("두 조건 모두 만족")
if a == b or c == d:
    print("두 조건 중 하나라도 만족하면")
``
	두 조건 모두 만족
	두 조건 중 하나라도 만족하면.

if a == b and c == d: 조건은 a==b은 조건도 참이고 c==d의 조건도 참이여야 조건에 만족합니다. and는 모든 조건이 True 또는 1이상이어야 만족합니다.

if a == b or c == d: 조건은 a==b 조건이 만족하거나 c==d의 조건이 만족하면 조건에 만족합니다. or는 조건 중에 하나라도 True이거나 1이상이면 만족합니다.

조건문에서 문자열 비교를 알아봅니다. ==으로 비교 시 완전 같아야 참이 되고, in으로 비교 시에는 포함되어 있으면 참이 됩니다. not in은 포함되어 있지 않으면 참이 됩니다.

코드	결과

``python
a_str = "hello python"
if a_str == "hello python":
    print("hello python 문자열이 같습니다.")
if a_str == "hi python":
    print("hi python 문자열이 같습니다.")
if "hello" in a_str:
    print("hello 가 포함되어 있습니다.")
if "hello" not in a_str:
    print("hello 가 포함되어 있지 않습니다.")
if "hi" not in a_str:
    print("hi 가 포함되어 있지 않습니다.")
``
	hello python 문자열이 같습니다.
	hello 가 포함되어 있습니다.
	hi 가 포함되어 있지 않습니다.

if a_str == "hello python": 모든 문자열이 같기 때문에 조건을 실행합니다.

if a_str == "hi python": 모든 문자열이 같지 않기 때문에 조건을 실행하지 않습니다.

if "hello" in a_str: in의 사용방법은 a_str 안에 "hello" 문자가 포함되어 있으면 참조건이 되어 조건문을 실행합니다. hello가 포함되어 있기 때문에 조건문을 실행합니다.

if "hello" not in a_str: not in은 in과 반대로 포함되어 있지 않으면 조건이 참이 됩니다. hello는 포함되어 있기 때문에 거짓으로 조건문이 동작하지 않습니다.

if "hi" not in a_str: hi는 포함되어 있지 않기 때문에 조건에 만족하여 조건문이 동작합니다.

in은 리스트의 요소값을 비교할 때도 사용할 수 있습니다.

코드	결과

a_list = ["안녕",1,2,"파이썬"]
if "안녕" in a_list:
    print("a_list에 안녕 이 포함되어 있습니다.")
if 2 in a_list:
    print("a_list에 숫자 2 가 포함되어 있습니다.")
	a_list에 안녕 이 포함되어 있습니다.
	a_list에 숫자 2 가 포함되어 있습니다.

if "안녕" not in a_list: a_list에는 "안녕"이 포함되어 있기 때문에 조건문을 만족하여 동작합니다.

if 2 in a_list: a_list에는 숫자 2가 포함되어 있기 때문에 조건문을 만족하여 동작합니다.

not in도 리스트의 요소비교를 위해 사용할 수 있습니다.

코드	결과

a_list = ["안녕",1,2,"파이썬"]
if "안녕" not in a_list:
    print("a_list에 안녕 이 포함되어 있지 않습니다.")
if 5 not in a_list:
    print("a_list에 숫자 5는 없습니다.")
	a_list에 숫자 5는 없습니다.

if "안녕" not in a_list: "안녕" 은 리스트에 포함되어 있지 않습니다.를 만족하지 못하기 때문에 조건문은 동작하지 않습니다.

if 5 not in a_list: 숫자 5는 a_list에 없기 때문에 조건이 만족하여 동작합니다.

07 반복문 − while, for 반복문

[0.파이썬 기초문법] 폴더에 [7_반복문.ipynb]로 파일을 생성 후 진행합니다.

```
7_반복문.ipynb
```

for 반복문을 사용하는 방법에 대해 알아봅니다.

코드	결과
```for i in range(7): print(i)```	0 1 2 3 4 5 6

for i in range(7): 는 0부터 7-1 까지 반복하라는 뜻입니다. i는 반복할 때 마다 요소를 가져와 출력합니다. range(7)은 0부터 6까지입니다.

range의 범위를 지정할 수 있습니다. range(시작,끝)으로 시작부터 끝-1 까지 반복합니다.

코드	결과
```for i in range(5, 10): print(i)```	5 6 7 8 9

결과를 확인하면 시작인 5부터 끝인10-1 까지 반복하여 i값을 출력하였습니다.
for문의 i값은 요소를 출력합니다. i의 이름은 원하는 대로 변경 가능합니다.

range 함수의 3번째 인자에 −1을 입력하면 역순으로 출력이 가능합니다.

코드	결과
for i in range(10, 5, -1): print(i)	10 9 8 7 6

10부터 5+1 까지 −1씩 감소하여 5회 반복하여 출력되었습니다.

리스트에서 for문을 이용하여 값을 가져오는 방법에 대해 알아봅니다.

코드	결과
a_list = [1,2,3,4,5,"안녕","하세요"] for i in a_list: print(i)	1 2 3 4 5 안녕 하세요

for i in a_list: 로 작성하면 a_list의 길이만큼 for문을 동작합니다. i는 첫 번째 요소부터 다음으로 이동하여 값을 가져옵니다.

for문을 이용하여 문자의 수만큼 반복할 수도 있습니다.

코드	결과
a_str = "hello python" for i in a_str: print(i)	h e l l o p y t h o n

문자의 수만큼 반복하여 문자 하나하나를 출력하였습니다.

enumerate를 이용하면 리스트에서 위치와 값을 가져올 수 있습니다.

코드	결과

```name_list = ["홍길동","장다인","김철수"]```
```age_list = [500,5,12]```
```for i,k in enumerate(name_list):```
```   print("i=",i,end=' ')```
```   print("k=",k)```
	i= 0 k= 홍길동
	i= 1 k= 장다인
	i= 2 k= 김철수

name_list에서 i는 리스트의 위치, k는 리스트의 값을 가져올 수 있습니다. enumerate() 괄호 안에 리스트, 문자열 등을 넣으면 됩니다.

print에서 end=""는 ""에 빈값이 들어갔기 때문에 종료문자를 넣지 않겠다는 뜻입니다. ""에 값을 넣어 주면 넣은 문자열로 종료문자가 들어갑니다. end="" 을 넣어주지 않으면 기본적으로 종료문자로는 줄바꿈이 들어갑니다. 줄바꿈을 하지 않기 위해서 end=""을 넣어주었습니다.

name_list에는 이름이 저장되어 있고 age_list 나이가 저장되어 있습니다. 하나의 for 문을 이용하여 데이터를 출력해봅니다.

코드	결과

```name_list = ["홍길동","장다인","김철수"]```
```age_list = [500,5,12]```
```for i,k in enumerate(name_list):```
```   print(k,end=' ')```
```   print(age_list[i])```
```for i,k in enumerate(name_list):```
```   print(name_list[i],end=' ')```
```   print(age_list[i])```
	홍길동 500
	장다인 5
	김철수 12
	홍길동 500
	장다인 5
	김철수 12

```
for i,k in enumerate(name_list):
    print(k,end='  ')
    print(age_list[i])
```

enumerate 이용하여 name_list의 길이와 내용을 가져왔습니다. name_list의 요소값이 저장된 k값 과을 출력하고 i값을 이용하여 age_list의 나이를 출력하였습니다.

```
for i,k in enumerate(name_list):
    print(name_list[i],end='  ')
    print(age_list[i])
```

위의 방법이 헷갈릴 수 있어 다음의 방법으로 k값은 사용하지 않고 증가되는 값인 i만 이용하여 리스트에서 값을 가져 왔습니다.

enumerate 사용하지 않고 list의 길이만큼을 range에 입력하여 사용할 수 있습니다.

코드	결과
| ```python
name_list = ["홍길동","장다인","김철수"]
age_list = [500,5,12]
for i in range(len(name_list)):
    print(name_list[i],end=' ')
    print(age_list[i])
``` | 홍길동  500<br>장다인  5<br>김철수  12 |

range(len(name_list) 와 같이 name_list의 길이를 range 함수에 입력하여 for문을 반복하였습니다.

한 줄의 for문을 이용하여 리스트의 값을 쉽게 넣을 수 있습니다.

코드	결과
| ```python
test_list = [i for i in range(10)]
print(test_list)

test2_list = []
for i in range(10):
    test2_list.append(i)
print(test2_list)
``` | [0, 1, 2, 3, 4, 5, 6, 7, 8, 9]<br>[0, 1, 2, 3, 4, 5, 6, 7, 8, 9] |

test_list = [i for i in range(10)] 는 test_list에 0부터 9까지 반복하여 i 값을 넣어라 라는 반복합니다.

일반 for문을 이용하면 다음과 같이 3줄의 코드가 됩니다.

```python
test2_list = []
for i in range(10):
    test2_list.append(i)
```

.append는 리스트에 값을 넣을 때 사용합니다. 순차적으로 값이 들어갑니다.

리스트를 만들고 초기에 원하는 값을 넣을 때 많이 사용합니다.

다음의 코드와 같이 한 줄의 for문을 이용하여 리스트를 생성 하였습니다.

코드	결과
| ```python
test_list = [i * 5 for i in range(10)]
print(test_list)
test2_list = [0 for i in range(10)]
print(test2_list)
``` | [0, 5, 10, 15, 20, 25, 30, 35, 40, 45]<br>[0, 0, 0, 0, 0, 0, 0, 0, 0, 0] |

test_list는 10개의 데이터를 i에 5를 곱한 값으로 초기화 하였습니다.

test2_list의 값은 10개의 데이터를 0으로 초기화 하였습니다.
```

while 반복문에 대해 알아봅니다. while 반복문은 [while 조건:] 에서 조건이 참일 때 계속 반복합니다. 참인조건인 True이거나 1이상일 때는 참입니다. while문을 이용하여 5번 반복하는 코드를 만들어봅니다.

코드	결과

a = 0
while a < 5:
    print(a)
    a = a + 1
	0
	1
	2
	3
	4

while조건이 a가 5보다 작으면 while문은 계속 반복합니다. a는 0~4까지 동작하다가 5가되면 5<5는 거짓이 되기 때문에 while문을 종료합니다. 출력결과 0~4까지 5번 반복하였습니다.

while True: 를 사용하여 동일한 동작이 가능합니다. while 문안에 조건문을 만든 후 break를 이용하여 while문을 탈출할 수 있습니다.

코드	결과

a = 0
while True:
    print(a)
    a = a + 1
    if a >= 5:
        break
	0
	1
	2
	3
	4

while True: 는 계속 동작합니다. 조건문에서 a가 5보다 크거나 같으면 break로 인해 while문을 탈출 합니다. 동작결과 0~4까지 출력되다가 5가되면 if a>=5: 조건문에 만족하여 break를 만나 while문을 탈출 합니다.

08 오류 및 예외처리

[0.파이썬 기초문법] 폴더에 [8_오류및예외처리.ipynb]로 파일을 생성 후 진행합니다.

♫ 8_오류및예외처리.ipynb

프로그램 언어를 사용하는 이유는 컴퓨터가 알아들을 수 있는 기계어인 0과 1로 바꿔주는 역할을 합니다. 파이썬 언어는 파이썬 프로그램 언어를 '인터프리터'라고 하는 명령어 해석기를 통해 한 줄 한줄 기계어로 번역하여 컴퓨터에게 전달해줍니다. 한 줄 한 줄 동작하기 때문에 에러가 발생하는 프로그램 이전까지는 잘 동작하다가 프로그램의 에러를 만나면 에러를 출력하고 종료합니다. 프로그램에서 에러가 발생할 만한 코드에 예외처리를 하는 방법을 알아보도록 합니다.

의도적으로 에러를 발생하는 코드를 만들어봅니다.

코드	결과
150/0	--- ZeroDivisionError Traceback (most recent call last) c:\일잘러 파이썬과 40개의 작품들 코드\0.파이썬 기초문법\8_오류및예외처리.ipynb 셀 1 in \<cell line: 1\>() ----\> 1 150 / 0 ZeroDivisionError: division by zero

ZeroDivisionError: division by zero 이 출력됩니다. 0으로 값을 나눌 수 없기 때문에 에러가 발생하였습니다.

에러를 외예처리 할 수 있는 try: except: 구문을 이용하여 에러 예외처리를 합니다.

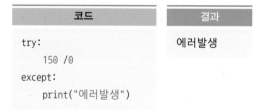

코드	결과
try: 150 /0 except: print("에러발생")	에러발생

try: 문에 에러가 발생하면 except: 문을 실행합니다. 에러발생을 출력하였습니다.

에러발생을 무시하고 넘어갈 수도 있습니다. pass를 사용하면 아무것도 하지 않고 넘어갑니다.

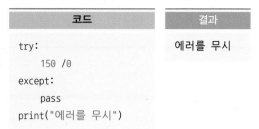

코드	결과

try:
    150 /0
except:
    pass
print("에러를 무시")
	에러를 무시

except: 문에 pass를 사용하여 아무것도 하지 않고 다음 줄인 "에러를 무시" 문장을 출력하였습니다.

에러의 원인을 알고 싶으면 다음과 같이 Exception as e를 이용하여 e를 출력해 보면 에러의 원인이 출력됩니다. 프로그램이 멈추지 않고 프로그램 내에서 에러의 원인을 출력합니다.

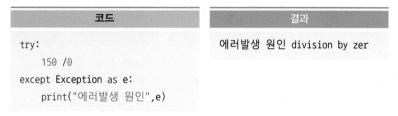

코드	결과

try:
    150 /0
except Exception as e:
    print("에러발생 원인",e)
	에러발생 원인 division by zer

e를 출력해보면 division by zero 으로 에러의 원인을 알 수 있습니다.

09 함수

[0.파이썬 기초문법] 폴더에 [9_ 함수.ipynb]로 파일을 생성 후 진행합니다.

C 9_함수.ipynb

함수는 코드가 모여있는 하나의 단위입니다. 파이썬에서 함수를 만들기 위해서는 def 이름: 을 이용합니다. 간단한 함수를 만들어보고 실행해 봅니다.

코드	결과

``python
def func():
    print("SSS급 일잘러를 위한")
    print("파이썬과 40개의 작품들 입니다.")
func()
``
	SSS급 일잘러를 위한
	파이썬과 40개의 작품들 입니다.

"func의 이름으로 함수를 만들었습니다." 문장 끝에 콜론을 붙여줍니다. func 함수 안에 있다는 것은 들여쓰기 코드를 통해 func 함수를 만들 수 있습니다.

다음과 같이 func() 함수를 정의 하였습니다.

```python
def func():
    print("SSS급 일잘러를 위한")
    print("파이썬과 40개의 작품들 입니다.")
```

코드에서 func()를 호출하면 func() 함수 안에 정의된 코드를 실행합니다.

내가 필요한 시점에 함수를 불러 정의된 코드를 사용할 수 있습니다. for문안에서 함수를 불러 사용합니다.

코드	결과

``python
def func():
    print("SSS급 일잘러를 위한")
    print("파이썬과 40개의 작품들 입니다.")
for i in range(3):
    func()
``
	SSS급 일잘러를 위한
	파이썬과 40개의 작품들 입니다.
	SSS급 일잘러를 위한
	파이썬과 40개의 작품들 입니다.
	SSS급 일잘러를 위한
	파이썬과 40개의 작품들 입니다.

func() 함수를 for문에서 호출하여 3번 동작하였습니다.

함수에서 2개의 값을 받아 더한 값을 반환해주는 함수를 만들고 동작시켜 봅니다.

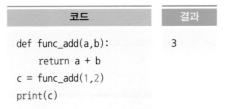

코드	결과

```def func_add(a,b):```
```   return a + b```
```c = func_add(1,2)```
```print(c)```
	3

func_add의 이름으로 함수를 만들고 a,b 값을 입력 받았습니다.

return을 이용하여 a+b의 값을 반환합니다.

함수의 사용은 c = func_add(1,2) 1,2의 값을 더해 값을 반환하고 반환된 값을 c에 저장합니다.

c를 출력하여 1과 2를 더한 3이 출력되었습니다.

곱하기 동작을 하는 함수도 만들어봅니다.

코드	결과

```def func_mux(a,b):```
```   mux = a * b```
```   return mux```
```c = func_mux(2,3)```
```print(c)```
	6

func_mux 이름으로 함수를 만들고 a,b 입력값을 받습니다. 함수내부에 mux 변수를 하나 생성 후 a*b값을 저장 후 mux값을 반환합니다.

func_mux(2,3) 으로 2와 3을 곱한값을 반환합니다.

파이썬의 함수는 여러 개의 값을 반환할 수 있습니다. 숫자 두개를 입력받아 더한값과 곱한값을 각각 반환하는 함수를 만들어봅니다.

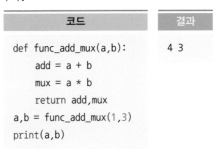

코드	결과

```def func_add_mux(a,b):```
```   add = a + b```
```   mux = a * b```
```   return add,mux```
```a,b = func_add_mux(1,3)```
```print(a,b)```
	4 3

func_add_mux(a,b) 는 a, b값 두개를 입력받아 더한 값은 add 변수에 곱한값은 mux 변수에 저장하고 return을 이용하여 add와 mux를 반환합니다.

a,b = func_add_mux(1,3) 첫 번째 반환값에는 a가 두 번째 반환값에는 b가 저장되어 a에는 더한 값 b는 곱한값이 저장됩니다.

함수에서 반환되는 값 중에서 선택하여 값을 받을 수 있습니다.

코드	결과
| ```python
def func_add_mux(a,b):
    add = a + b
    mux = a * b
    return add,mux
_,b = func_add_mux(1,3)
print(b)
``` | 3 |

func_add_mux(a,b) 함수는 두개의 값을 반환하지만 함수를 사용할 때 _,b = func_add_mux(1,3) 사용하면 첫 번째 값은 받지 않겠다는 뜻입니다. 두 번째 곱한 값만 받아 사용하였습니다.
```

10 클래스

[0.파이썬 기초문법] 폴더에 [10_ 클래스.ipynb]로 파일을 생성 후 진행합니다.

`↻ 10_클래스.ipynb`

클래스란 프로그램의 틀이라 생각하면 됩니다. 클래스를 이용하여 틀을 만들고 그 틀대로 찍어 객체를 만들 수 있습니다. 틀을 이용하여 객체를 찍어내면 되기 때문에 객체는 틀을 찍는 대로 생성 가능합니다.

간단한 클래스를 구상하고 객체를 만드는 프로그램을 만들어봅니다.

코드	결과

``python
class Greet():
    def hello(self):
        print("hello")
    def hi(self):
        print("hi")
human1 = Greet()
human2 = Greet()
human1.hello()
human1.hi()
human2.hello()
human2.hi()
``
	hello
	hi
	hello
	hi

class Greet(): 으로 클래스를 만들었습니다. 클래스 안에는 hello 함수와 hi 함수가 있습니다. 클래스안에 함수는 메서드라고 불립니다.

hello 메서드는 hello를 출력하고 hi 메서드는 hi를 출력하는 단순한 메서드입니다.

human1 = Greet() Greet라는 클래스로 humain1 객체를 찍어 생성하였습니다.

human2 = Greet() Greet라는 클래스로 humain2 객체를 찍어 생성하였습니다.

 클래스로 객체를 생성하였으면 객체는 클래스에서 만든 메서드(함수)를 사용할 수 있습니다.

humain1.hello()를 이용하여 hello 메서드(함수)를 실행하였습니다.

human1.hi()를 이용하여 hi 메서드(함수)를 실행하였습니다.

human2.hello()를 이용하여 hello 메서드(함수)를 실행하였습니다.

human2.hi()를 이용하여 hi 메서드(함수)를 실행하였습니다.

이처럼 하나의 클래스를 만든 후 객체를 생성하여 동작하였습니다.

클래스를 생성할 때 __init__ 함수를 만들면 클래스를 생성할 때 바로 실행됩니다. 학생 클래스를
생성 후 이름, 나이, 좋아하는 것을 입력받고 정보를 출력하는 코드를 만들어봅니다.

코드

```python
class Student():
    def __init__(self,name,age,like):
        self.name = name
        self.age = age
        self.like = like
    def student_info(self):
        print(f"이름:{self.name}, 나이:{self.age}, 좋아하는것:{self.like}")
김철수 = Student("김철수",17,"축구")
장다인 = Student("장다인",5,"헬로카봇")
김철수.student_info()
장다인.student_info()
```

결과

```
이름:김철수, 나이:17, 좋아하는것:축구
이름:장다인, 나이:5, 좋아하는것:헬로카봇
```

Student() 클래스를 생성하였습니다. __init__ 메서드는 객체를 만들때 자동으로 동작하는 메서드
입니다. name, age, like를 입력받습니다. self는 자기 자신으로 클래스 메서드(함수)를 만들때 꼭
붙여줍니다.

self.name, self.age ,self.like 는 Student() 클래스에서 사용하는 클래스 변수로 클래스내에 다른
메서드(함수)에서 사용가능합니다.

김철수 = Student("김철수",17,"축구") 김철수 객체를 만들고 이름, 나이, 좋아하는 것을 입력하였
습니다.

장다인 = Student("장다인",5,"헬로카봇") 장다인 객체를 만들고 이름, 나이, 좋아하는 것을 입력하
였습니다.

김철수.student_info() 김철수의 정보를 출력합니다.

장다인.student_info() 장다인의 정보를 출력합니다.

클래스의 상속에 대해 알아봅니다. 클래스는 상속받아 이어 사용가능합니다.

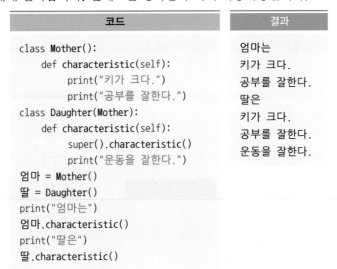

코드	결과
| ```python
class Mother():
    def characteristic(self):
        print("키가 크다.")
        print("공부를 잘한다.")
class Daughter(Mother):
    def characteristic(self):
        super().characteristic()
        print("운동을 잘한다.")
엄마 = Mother()
딸 = Daughter()
print("엄마는")
엄마.characteristic()
print("딸은")
딸.characteristic()
``` | 엄마는<br>키가 크다.<br>공부를 잘한다.<br>딸은<br>키가 크다.<br>공부를 잘한다.<br>운동을 잘한다. |

Mother() 클래스의 characteristic(self) 는 "키가 크다" "공부를 잘한다"를 출력합니다.

Daughter(Mother) 클래스는 Mother 클래스를 상속받았고 Daughter() 클래스의 characteristic(self)은 super().characteristic() 로부터 상속받은 "키가 크다" "공부를 잘한다"와 자기자신이 잘하는 "운동을 잘한다."를 출력합니다.
상속받은 메서드(함수)를 사용할 때는 super()를 사용합니다. super()는 상위 라는 뜻이 있습니다.

딸은 엄마에게 상속받은 키가 크다와 공부를 잘한다를 상속받고 자기 자신이 잘하는 운동을 잘한다도 함께 출력하였습니다.

__init__를 이용하여 객체를 생성하자마자 출력하는 방법도 있습니다.

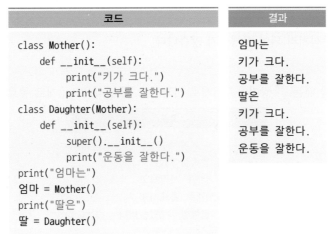

코드	결과
| ```python
class Mother():
    def __init__(self):
        print("키가 크다.")
        print("공부를 잘한다.")
class Daughter(Mother):
    def __init__(self):
        super().__init__()
        print("운동을 잘한다.")
print("엄마는")
엄마 = Mother()
print("딸은")
딸 = Daughter()
``` | 엄마는<br>키가 크다.<br>공부를 잘한다.<br>딸은<br>키가 크다.<br>공부를 잘한다.<br>운동을 잘한다. |

super().__init__() 은 상속받은 클래스의 __init__을 실행합니다.

11 주석

[0.파이썬 기초문법] 폴더에 [11_주석.ipynb]로 파일을 생성 후 진행합니다.

> 11_주석.ipynb

주석은 프로그램의 문법과는 상관없이 프로그램 설명이나 코드 자체를 실행하지 못하게 하는 용도로 사용합니다.

파이썬은 주석은 #을 이용합니다. #다음부터는 주석으로 인식되어 코드에 영향을 받지 않습니다.

코드	결과

`#주석입니다.`
`#사용자 설명 코드 입니다.`
`print("hello") # 코드의 줄 끝에 사용할 수 있습니다.`
	`hello`

코드의 끝에 #을 작성할 수 있습니다. #뒤에 부터 그 줄은 주석으로 처리됩니다.

코드 자체를 주석으로 막을 수 있습니다.

코드	결과
`#print("hello")` `print("hi")`	`hi`

#print("hello") 는 주석처리 되어 실행되지 않습니다.

여러줄을 주설처리 할 때는 """ 쌍따옴표 3개로 시작하고 """ 쌍따옴표 3개로 종료할 수 있습니다.

코드

`"""`
`여러줄을 입력할 때는`
`쌍따옴표 3개로 시작하고`
`쌍따옴표 3개로 종료하면`
`여러줄을 입력할 수 있습니다.`
`"""`

쌍따옴표 3개로 시작하여 쌍따옴표 3개로 종료될때까지 여러줄이 주석처리 되었습니다.

또는 ''' 따옴표 3개로 시작하고 '''따옴표 3개로 종료해도 동일하게 여러줄을 주석처리 할 수 있습니다.

코드
''' 또는 여러줄을 입력할 때는 따옴표 3개로 시작하고 따옴표 3개로 종료하면 여러줄을 입력할 수 있습니다. '''

''' 따옴표 3개도 동일하게 여러줄을 주석처리 할 수 있습니다.

여러줄의 문자열을 입력할 때도 쌍따옴표3개, 따옴표3개를 사용할 수 있습니다.

코드	결과
a_str = """ 여러줄의 문자열을 입력할 때도 쌍따옴표 또는 따옴표 3개를 사용할 수 있습니다. """ print(a_str)	여러줄의 문자열을 입력할 때도 쌍따옴표 또는 따옴표 3개를 사용할 수 있습니다.

원하는 부분만을 주석할 때는 [컨트롤 + /]를 눌러 주석을 하거나 풀수 있습니다.

코드
#여러줄을 마우스로 드래그 하여 선택 후 [컨트롤 + /] 로 주석처리 할 수 있습니다. #다시 주석을 해제할 때는 # 주석처리된 코드에서 [컨트롤 + /] 로 주석을 해제 할 수 있습니다. # a = 1 # b = 2 # print(a + b)

주석처리하고 싶은 부분을 마우스로 드래그 한 다음 [컨트롤 + /]를 누릅니다.

주석처리되었습니다. 다시 주석을 해제하고 싶다면 주석 된 부분을 드래그 하여 [컨트롤 + /] 를 눌러 주석을 해제합니다.

12 import

[0.파이썬 기초문법] 폴더에 [12_import.ipynb]로 파일을 생성 후 진행합니다.

> 12_import.ipynb

import를 이용하여 외부에서 라이브러리, 모듈 등을 불러와 사용할 수 있습니다.

코드

```
import random
print(random.randint(1, 100))
```

random 라이브러리를 import 하여 사용하였습니다. random 라이브러리는 무작위 값을 반환하는 기능이 있습니다.

random 라이브러리를 불러올 때 rd라는 이름을 붙여 불러와 봅니다. rd는 임의로 붙인 이름으로 자신이 편한 이름으로 불러와 사용가능합니다.

코드

```
import random as rd
print(rd.randint(1, 100))
```

random 라이브러리를 rd의 이름으로 불러왔습니다. 코드에서는 rd로 사용하면 됩니다.
보편적으로 라이브러리의 이름이 길기 때문에 줄여서 사용합니다.

random 라이브러리에서 특수한 기능만 불러와 봅니다. randint 라는 기능만을 불러옵니다.

코드

```
from random import randint
print(randint(1, 100))
```

random 라이브러리에서 randint만을 불러와 사용합니다. 코드에서는 randint 이름 그대로 사용 가능합니다.

*를 이용하여 모든 기능을 불러올 수 있습니다.

코드

```
from random import *
print(randint(1, 100))
```

random 라이브러리에서 *를 이용하여 모든 기능을 불러왔습니다. 코드에서는 라이브러리이름 없이 모든 기능을 사용할 수 있습니다.

13 변수의 범위

[0.파이썬 기초문법] 폴더에 [13. 변수의범위.ipynb]로 파일을 생성 후 진행합니다.

🔗 13.변수의범위.ipynb

변수는 지역 변수, 전역 변수로 변수가 영향을 주는 범위가 있습니다.

전역 변수로 선언된 a,b와 함수 안에 지역 변수로 선언된 a,b를 더하는 코드를 만들어봅니다.

코드	결과

<pre>a =10
b =5
def add():
    a =5
    b =2
    print(" 함수 안:",a+b)
add()
print("함수밖:",a+b)</pre>
	함수 안: 7
	함수밖: 15

add() 함수 안에 지역 변수로 선언된 a,b를 더해 함수 안에서 7이 출력되었습니다.

함수밖에서는 a,b를 더한 15가 출력되었습니다. 함수 안에서 a,b 변수를 사용하였지만 함수 밖의 a,b 변수의 값이 바뀌지 않았습니다. 함수 안에 선언된 a,b는 지역 변수 함수밖에 선언된 a,b는 전역 변수로 두개의 변수는 이름은 같지만 서로 다른 변수입니다.

함수 안에서 전역 변수를 사용하려면 함수 안에서 global 키워드를 붙이고 전역 변수명을 불러옵니다.

코드	결과

<pre>a =10
b =5
def add():
    global a,b
    a =5
    b =2
    print(" 함수 안:",a+b)
add()
print(" 함수밖:",a+b)</pre>
	함수 안: 7
	함수밖: 7

함수 안에서 global a,b 를 선언하면 전역 변수 a,b를 사용하겠다는 의미 입니다. 함수 안에서 전역 변수 a,b의 값을 변경하였기 때문에 함수밖에서도 동일하게 변경되었습니다.

CHAPTER

03

챗GPT를 활용한 40가지 프로그램 만들기

챗GPT에게 질문을 통해 40개의 파이썬 프로그램을 직접 만들어 보겠습니다.

프로그램 만들기 01 숫자 맞추기 게임 만들기

프로그램 설명 1부터 100까지의 임의의 수를 생성하고 생성된 임의의 수를 맞추는 게임으로 숫자를 하나 입력하면 임의로 생성된 수보다 높은지 낮은지 정답인지를 알려줍니다. 정답을 맞힐 경우 정답을 몇 번 만에 맞췄는지로 게임의 승부를 알 수 있습니다.

폴더와 파일 생성하기

[챗GPT로 만드는 파이썬 작품들] 폴더에 [01.숫자 맞추기 게임 만들기] 폴더를 생성 후 [main1-1. py] 파일을 생성합니다. 작품들은 [챗GPT로 만드는 파이썬 작품들] 폴더내에 각각의 폴더를 생성하여 진행합니다.

> ∨ 📁 챗GPT로 만드는 파이썬 작품들
> ∨ 📁 01_숫자 맞추기 게임 만들기
> 　　📄 main1.py

숫자 맞추기 게임 만들기

만들고자하는 게임의 룰을 설명하고 파이썬으로 코드를 만들 수 있도록 질문을 합니다. 많은 정보를 입력할수록 원하는 답변에 더 근접한 답변을 얻을 수 있습니다.

 파이썬으로 숫자 맞추기 게임을 만들 거야. 1~100까지 무작위 숫자를 생성하고. 내가 숫자를 입력하면 무작위 숫자랑 비교해서 숫자가 큰지 작은지 알려줘. 숫자를 맞추면 몇 회 만에 맞췄는지 알려주고 게임을 종료해.

 좋아요! 파이썬으로 숫자 맞추기 게임을 만들어봅시다. 아래는 코드 예시입니다.

main1-1.py

```python
import random

# 1부터 100까지 무작위 숫자 생성
number = random.randint(1, 100)

# 몇 회 시도했는지를 저장하는 변수
num_of_guesses =0

# 무한 반복문
```

84 · 챗GPT를 활용한 40가지 파이썬 프로그램 만들기

```
while True:
    # 사용자로부터 숫자 입력 받기
    guess =int(input("1부터 100까지의 숫자를 입력하세요: "))
    # 시도 횟수 증가
    num_of_guesses +=1
    # 추측한 숫자가 정답보다 큰 경우
    if guess > number:
        print("입력한 숫자가 너무 큽니다.")
    # 추측한 숫자가 정답보다 작은 경우
    elif guess < number:
        print("입력한 숫자가 너무 작습니다.")
    # 추측한 숫자가 정답인 경우
    else:
        print(f"축하합니다! {num_of_guesses}회 만에 숫자를 맞췄습니다.")
        break
```

이 코드는 random 모듈을 사용하여 1부터 100까지의 무작위 숫자를 생성합니다. 그리고 사용자로 부터 숫자를 입력받아, 정답과 비교하여 입력한 숫자가 너무 큰지, 작은지, 아니면 정답인지를 판단 합니다. 사용자가 정답을 맞출 때까지 반복문을 실행하고, 정답을 맞추면 게임이 종료됩니다. 이때, 몇 회 만에 맞췄는지도 출력됩니다.

실행결과

[▶ Python 파일 실행] 버튼을 클릭하여 코드를 실행합니다.
터미널에 숫자를 입력하여 게임을 진행합니다.

```
PS C:\0_project\173.챗GPT로 만드는 파이썬과 40개의 작품들\챗GPT로
는 파이썬 작품들/01.숫자 맞추기 게임 만들기/main1.py"
1부터 100까지의 숫자를 입력하세요: 30
입력한 숫자가 너무 큽니다.
1부터 100까지의 숫자를 입력하세요: 10
입력한 숫자가 너무 작습니다.
1부터 100까지의 숫자를 입력하세요: 15
축하합니다! 3회 만에 숫자를 맞췄습니다.
PS C:\0_project\173.챗GPT로 만드는 파이썬과 40개의 작품들\챗GPT로
```


random() 사용법 알아보기

random() 모듈의 사용방법을 알아보기 위해 질문 합니다.

random 모듈을 사용하는 방법에 대해서 알려줘

random 모듈은 파이썬에서 난수를 생성하는데 사용됩니다. random 모듈을 사용하면, 정해진 범위 내 에서 무작위 숫자를 생성할 수 있습니다.
random 모듈을 사용하기 위해서는, 먼저 다음과 같이 import 구문을 이용해 모듈을 불러와야 합니다.

```
import random
```

이후, random 모듈이 제공하는 여러 함수를 사용할 수 있습니다. 아래는 random 모듈에서 자주 사용되는 함수들입니다:

random(): 0과 1사이의 실수를 반환합니다.

randint(a, b): a와 b사이의 정수를 반환합니다. (a와 b 포함)

randrange(start, stop, step): range(start, stop, step)에서 무작위로 선택한 요소를 반환합니다.

choice(seq): 시퀀스에서 무작위로 선택한 요소를 반환합니다.

shuffle(seq): 시퀀스를 인자로 받아 해당 시퀀스를 무작위로 섞습니다.

다음은 randint() 함수를 사용하여 1부터 100까지의 무작위 숫자를 생성하는 예시 코드입니다:

```
import random
number = random.randint(1, 100)
print(number)
```

위 코드를 실행하면, 1부터 100사이의 무작위한 숫자가 출력됩니다.

프로그램 만들기 02 컴퓨터의 외부 및 내부 IP확인

프로그램 설명 컴퓨터의 외부 및 내부 IP주소를 출력하는 프로그램을 만들어봅니다.

폴더와 파일 생성하기

[챗GPT로 만드는 파이썬 작품들] 폴더에 [02.컴퓨터의 외부 및 내부 IP확인] 폴더를 생성 후 [main2-1.py], [main2-2.py], [main2-3.py] 파일을 생성합니다.

내부IP 출력하기

 파이썬으로 컴퓨터의 내부 IP를 확인하는 코드를 작성해줘

 내부 IP 확인:

main2-1.py

```python
import socket

# 호스트 이름 가져오기
hostname = socket.gethostname()

# IP 주소 가져오기
ip_address = socket.gethostbyname(hostname)
print("내부 IP: "+ ip_address)
```

실행결과

[▷ Python 파일 실행] 버튼을 클릭하여 코드를 실행합니다.
컴퓨터의 내부 IP주소가 출력되었습니다.

```
내부 IP: 192.168.50.185
```

외부IP 출력하기 1

 파이썬으로 컴퓨터의 외부 IP를 확인하는 코드를 작성해줘

 외부 IP 확인:

동작하지 않음

```
import requests

# IP 주소 가져오기
response = requests.get('https://api.ipify.org')
external_ip = response.text
print("외부 IP: "+ external_ip)
```

실행결과

[▷ Python 파일 실행] 버튼을 클릭하여 코드를 실행합니다.

챗GPT에서 처음 알려준 코드의 주소로는 에러로 접속이 되지 않았습니다.

```
    File "C:\Users\jmc\anaconda3\lib\site-packages\requests\adapters.py", line 565, i
n send
    raise ConnectionError(e, request=request)
requests.exceptions.ConnectionError: HTTPSConnectionPool(host='api.ipify.org', port
=443): Max retries exceeded with url: / (Caused by NewConnectionError('<urllib3.con
nection.HTTPSConnection object at 0x00000210BC7A9460>: Failed to establish a new co
nnection: [WinError 10061] 대상 컴퓨터에서 연결을 거부했으므로 연결하지 못했습니다'
))
```

주소를 알려주는 답변의 경우 동작하지 않는 경우가 많이 있습니다. 학습된 시점이 2021년으로 1~2
년이 지난 데이터로 학습되었기 때문입니다. 동작하지 않을 경우 반복된 질문을 통해 새로운 답변을
얻을 수 있습니다. 또는 주소부분은 사용자가 직접 찾아 변경하는 방법도 있습니다.

외부IP 출력하기 2

IP주소를 알아내는 다른 방법의 코드를 요청합니다.

 https://api.ipify.org 사이트가 접속되지 않아. 외부 IP를 확인하는 다른 코드를 작성해줘

 아래의 코드는 ipify 대신 ipinfo를 사용하여 외부 IP를 확인합니다.

---

main2-2.py

```python
import socket

# 호스트 이름 가져오기
hostname = socket.gethostname()

# IP 주소 가져오기
ip_address = socket.gethostbyname(hostname)
print("내부 IP: "+ ip_address)
```

이 코드는 requests 모듈을 사용하여 https://ipinfo.io/ip에 GET 요청을 보내서 외부 IP를 가져옵니다. 가져온 IP는 response.text에 있습니다. 이때 strip()을 사용하여 문자열 좌우의 공백을 제거합니다. 마지막으로 외부 IP를 출력합니다.

실행결과

[▷ Python 파일 실행] 버튼을 클릭하여 코드를 실행합니다.
다른 사이트에 접속해서 외부 IP가 정상적으로 출력되었습니다.

```
외부 IP: 210.104.164.20
```

❝ 작가의 한 마디

챗GPT는 2021년도를 기준으로 학습이 되었습니다. 학습된 시점에 따라서 사이트의 주소 등이 동작하지 않는 경우가 많습니다. 접속되지 않는다면 질문을 통해 다른 사이트를 찾는 것도 방법입니다. 또는 정상적으로 동작하는 사이트를 이용해서 부분의 코드를 챗GPT로 만들어 달라고 하는 것도 방법입니다.

내부IP, 외부IP 한 번에 출력하기

내부, 외부 IP를 한 번에 출력하는 코드를 요청합니다. 긴 코드의 경우에는 짧은 코드를 여러 개 만든 후 직접 연결하여 동작시키는 것이 좋으나. 짧은 코드의 경우에는 이와 같이 요청을 하여 만들 수 있습니다.

 파이썬으로 컴퓨터의 내부 및 외부 IP를 한 번에 출력하는 코드를 작성해줘

 아래의 코드는 ipify 대신 ipinfo를 사용하여 외부 IP를 확인합니다.
아래의 코드는 내부 IP와 외부 IP를 한 번에 출력합니다.

main2-3.py

```python
import socket
import requests

# 내부 IP 가져오기
hostname = socket.gethostname()
internal_ip = socket.gethostbyname(hostname)

# 외부 IP 가져오기
response = requests.get('https://ipinfo.io/ip')
external_ip = response.text.strip()

# 출력
print("내부 IP:", internal_ip)
print("외부 IP:", external_ip)
```

이 코드는 socket모듈을 사용하여 내부 IP를 가져오고, requests모듈을 사용하여 외부 IP를 가져옵니다. 가져온 IP는 각각 internal_ip와 external_ip 변수에 저장되며, 마지막으로 print() 함수를 사용하여 두 IP를 출력합니다.

실행결과

[▶ Python 파일 실행] 버튼을 클릭하여 코드를 실행합니다.
내부 및 외부IP를 한 번에 표시하였습니다.

```
내부 IP: 192.168.50.185
외부 IP: 210.104.164.20
```

03 텍스트를 음성으로 변환

> **프로그램 설명** 한글 텍스트를 음성으로 변환하여 출력하는 프로그램을 만들어 봅니다.

폴더와 파일 생성하기

[챗GPT로 만드는 파이썬 작품들] 폴더에 [03.텍스트를 음성으로 변환] 폴더를 생성 후 [main3-1.
py], [main3-2.py] 파일을 생성합니다.

라이브러리 설치하기

pyttsx3 라이브러리는 파이썬의 Text-to-Speech 엔진입니다. 이 라이브러리를 사용하여 파이썬
에서 음성 출력 기능을 구현할 수 있습니다.

```
pip install pyttsx3
```

터미널에 명령어를 입력하여 설치를 진행합니다.

```
\챗GPT로 만드는 파이썬 작품들> pip install pyttsx3
```

설치가 완료되면 Successfully 와 같은 설치가 완료되었다는 메시지가 출력됩니다. pip 를 이용한
라이브러리의 설치는 매번 동일하게 진행됩니다.

```
Successfully installed pypiwin32-223 pyttsx3-2.90

Successfully installed pypiwin32-223 pyttsx3-2.90

[notice] A new release of pip is available: 23.0 -> 23.0.1
[notice] To update, run: python.exe -m pip install --upgrade pip
```

gtts(Google Text-to-Speech) 라이브러리는 파이썬에서 Google Text-to-Speech API를 사용할 수
있도록 지원하는 라이브러리입니다. 이 라이브러리를 사용하여 텍스트를 음성으로 변환할 수 있습니다.

```
pip install gtts
```

playsound 라이브러리는 Python에서 소리를 재생하는 라이브러리입니다. 이 라이브러리는 파이썬
에서 wav, mp3, ogg 등의 오디오 파일을 간단하게 재생할 수 있도록 지원합니다.

```
pip install playsound
```

pyttsx 사용하여 텍스트를 음성으로 변환하기

몇 번을 질문하였으나 가입이 필요하거나 유료인 API를 사용한 결과를 출력했기에 무료로 사용가능한 라이브러리를 추천하여 음성으로 변환 할 수 있도록 질문을 하였습니다.

 파이썬을 이용해서 한글 텍스트를 한글 음성으로 변환하는 코드를 작성해줘. API가아닌 무료로 사용할 수 있는 라이브러리를 사용해줘.

 제가 찾은 무료 한글 TTS(Text-to-Speech) 라이브러리는 아래와 같습니다.

pyttsx3

gtts

kogpt2-transformers

필자는 위 3가지 라이브러리 중에서 pyttsx3를 사용하여 코드를 작성해보았습니다.

---

main3-1.py

```python
import pyttsx3

# 한글 TTS 엔진을 설정합니다.
engine = pyttsx3.init()
engine.setProperty('rate', 150) # 말하는 속도를 설정합니다.

# 텍스트를 읽어주는 함수를 정의합니다.
def speak(text):
    engine.say(text)
    engine.runAndWait()

# 텍스트를 입력받아 TTS로 변환합니다.
text ="안녕하세요 챗GPT로 만드는 파이썬 작품들 입니다."
speak(text)
```

이 코드를 실행하면, 입력한 텍스트가 한글 음성으로 출력됩니다. 다만, 컴퓨터에 설치된 음성 엔진의 음질에 따라서 출력되는 음성의 품질이 다를 수 있습니다.

위 코드는 pyttsx3 라이브러리를 사용하여 TTS를 구현한 코드이며, 이 외에도 다양한 TTS 라이브러리를 사용할 수 있습니다. 하지만 대부분의 무료 TTS 라이브러리는 음질이나 발음 등에서 불완전한 부분이 있을 수 있으니 참고하시기 바랍니다.

실행결과

[▶ Python 파일 실행] 버튼을 클릭하여 코드를 실행합니다.

"안녕하세요 챗GPT로 만드는 파이썬 작품들 입니다." 의 음성이 출력되었습니다.

gtts 사용하여 텍스트를 음성으로 변환하기

챗GPT가 알려준 다른 방법의 코드도 궁금하여 동작하는 코드를 요청하였습니다.

 파이썬으로 gtts를 사용해서 한글 텍스트를 음성으로 변환하는 예제코드를 작성해줘

 gtts(Google Text-to-Speech)는 Google Text-to-Speech API를 사용하여 텍스트를 음성으로 변환하는 파이썬 라이브러리입니다. 아래는 gtts를 사용하는 간단한 예제 코드입니다.

main3-2.py

```python
from gtts import gTTS
from playsound import playsound

# 텍스트를 입력받습니다.
text = input('텍스트를 입력하세요: ')

# 한국어로 음성을 출력하도록 설정합니다.
tts = gTTS(text, lang='ko')

# 음성을 mp3 파일로 저장합니다.
tts.save('output.mp3')

# 저장한 mp3 파일을 재생합니다.
playsound('output.mp3')
```

이 코드를 실행하면, 입력한 텍스트가 한국어로 읽히는 mp3 파일이 생성되고, 생성된 mp3 파일이 재생됩니다. 이 코드에서는 playsound 라이브러리를 사용하여 mp3 파일을 재생합니다.

하지만, 이 라이브러리를 사용할 때에는 Google Text-to-Speech API의 이용 정책을 준수해야 합니다. 또한, Google Text-to-Speech API를 사용할 때에는 API Key를 발급받아 사용해야 하기 때문에, API Key가 필요한 경우 Google Cloud Platform에서 API Key를 발급받아 사용하시기 바랍니다.

실행결과

[▷ Python 파일 실행] 버튼을 클릭하여 코드를 실행합니다.
터미널에 변경하고 싶은 텍스트를 입력합니다.

```
PS C:\0_project\173.챗GPT로 만드는 파이썬과 40개
는 파이썬 작품들/03.텍스트를 음성으로 변환/main3
텍스트를 입력하세요: 안녕하세요. 반갑습니다.
```

입력한 텍스트인 "안녕하세요. 반갑습니다."가 한글 음성으로 출력되었습니다.
output.mp3 파일이 함께 생성되었습니다. gTTS를 이용해서 한글 텍스트를 mp3 파일로 생성하고 playsound를 이용해서 mp3 파일을 재생하였습니다.

```
output.mp3
```

프로그램 만들기 **04** QR 코드 생성기

프로그램 설명 QR 코드를 생성하고 저장하는 프로그램을 만들어봅니다. 문서에서 문자를 읽어 여러 개의 QR 코드를 자동으로 만들어봅니다.

폴더와 파일 생성하기

[챗GPT로 만드는 파이썬 작품들] 폴더에 [04.QR 코드 생성기] 폴더를 생성 후 [main4-1.py], [main4-2.py], [main4-3.py] 파일을 생성합니다.

라이브러리 설치하기

qrcode 라이브러리는 파이썬에서 QR 코드를 생성하는 데 사용되는 라이브러리입니다.

```
pip install qrcode
```

QR 코드 생성하기

QR 코드를 생성하는 기본코드를 요청하였습니다. 라이브러리, 패키지 등을 사용 시 설치방법을 알려주는 경우도 있지만 알려주지 않을 때는 사용한 라이브러리, 패키지의 설치방법을 챗GPT에게 물어봐서 결과를 얻을 수 있습니다.

 파이썬으로 QR 코드를 생성하는 코드를 작성해줘

 QR 코드를 생성하기 위해서는 qrcode 패키지를 설치해야 합니다. 설치가 완료되면 다음과 같이 QR 코드를 생성하는 코드를 작성할 수 있습니다:

```
main4-1.py

import qrcode

# QR 코드에 넣을 데이터
data ="Hello, World!"

# QR 코드 생성
img = qrcode.make(data)

# 이미지 파일로 저장
img.save("qrcode.png")
```

위 코드에서 qrcode.make(data)는 데이터를 받아 QR 코드 이미지를 반환합니다. img. save("qrcode.png")는 QR 코드 이미지를 파일로 저장합니다. data 변수에 원하는 데이터를 입력하면 해당 데이터를 포함하는 QR 코드 이미지를 생성할 수 있습니다.

실행결과

[▷ Python 파일 실행] 버튼을 클릭하여 코드를 실행합니다.

qrcode.png 파일이 생성되었습니다. 경로를 따로 지정해주지 않아 작업폴더인 [챗GPT로 만드는 파이썬 작품들] 폴더에 저장되었습니다.

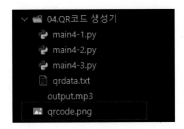

이미지를 열러 확인해보면 qrcode가 잘 생성되었음을 확인 할 수 있습니다.

작업폴더인 [챗GPT로 만드는 파이썬 작품들] 폴더에 저장되었습니다.

폴더를 지정하여 QR 코드 저장하기

특정 폴더를 지정하여 질문하여 답변을 얻을 수 있습니다. 다만 항상 폴더를 적용하여 답변을 해주지는 않기 때문에 파일의 경로, 폴더의 경로는 답변을 얻은 다음 수정하는 것을 추천 합니다.

> **❝ 작가의 한 마디**
> 폴더를 지정하여 파일이 저장이 되게끔 질문을 하였습니다.

 파이썬으로 QR 코드를 생성하는 코드를 작성해줘. 이미지 파일이 저장되는 위치를 04.QR 코드 생성기 폴더에 저장되게끔 작성해줘

 QR 코드를 생성하고 이미지 파일을 특정 폴더에 저장하려면 img.save() 메소드의 인자로 해당 폴더와 파일 이름을 지정하면 됩니다. 다음은 QR 코드를 생성하고 04_QR 코드 생성기 폴더에 qrcode.png 파일로 저장하는 코드입니다:

main4-2.py

```python
import qrcode
import os

# QR 코드에 넣을 데이터
data ="Hello, World!"

# QR 코드 생성
img = qrcode.make(data)

# 이미지 파일로 저장
file_path = os.path.join("04.QR 코드 생성기", "qrcode.png")
img.save(file_path)
```

위 코드에서 os.path.join() 함수를 사용하여 04_QR 코드 생성기 폴더와 qrcode.png 파일 이름을 합쳐서 file_path 변수에 저장합니다. img.save(file_path)는 qrcode.png 파일을 04_QR 코드 생성기 폴더에 저장합니다. QR 코드에 넣을 데이터는 data 변수에 입력하면 됩니다.

실행결과

[▷ Python 파일 실행] 버튼을 클릭하여 코드를 실행합니다.

[04.QR 코드 생성기] 폴더에 qrcode.png 이름으로 저장되었습니다. 폴더를 지정해서 질문을 하니 원하는 폴더에 저장되게끔 코드를 작성해주었습니다.

os.path.join()의 사용방법

코드에서 사용한 os.path.join() 함수의 사용법이 궁금하여 질문 하였습니다. 코드의 결과를 토대로 모르는 부분을 다시 질문하여 사용방법 등을 알 수 있습니다. 많은 질문을 통해 결과를 도출 해 낼 수 있습니다.

 os.path.join 코드를 설명해줘

 os.path.join() 함수는 파일 경로를 생성할 때 사용하는 파이썬의 함수입니다. 이 함수를 사용하면 운영 체제에 따라 경로 구분자(₩또는 /)를 올바르게 사용하여 파일 경로를 생성할 수 있습니다. 예를 들어, 윈도우 운영 체제에서는 경로 구분자로 ₩를 사용하지만, 리눅스 또는 맥 운영 체제에서는 /를 사용합니다. os.path.join() 함수는 운영 체제에 맞는 경로 구분자를 사용하여 파일 경로를 생성하므로, 이를 수동으로 처리하는 것보다 훨씬 효율적이고 안전합니다.

os.path.join() 함수는 인자로 전달된 문자열을 경로 구분자로 구분하여 결합합니다. 예를 들어, os.path.join("dir1", "dir2", "file.txt")와 같이 호출하면, "dir1/dir2/file.txt"와 같은 파일 경로를 반환합니다. 또한, os.path.join() 함수는 파일 경로 구성에 영향을 주지 않는 빈 문자열("") 인자를 무시합니다. 예를 들어, os.path.join("dir1", "", "file.txt")와 같이 호출하면, "dir1/file.txt"와 같은 파일 경로를 반환합니다.

파일에서 읽어 QR 코드로 변경

파일을 에서 문자열을 읽어 QR 코드로 변경하기 위해 텍스트 파일을 준비합니다.
[04.QR 코드 생성기] 폴더에 [qrdata.txt] 파일을 생성합니다.

[qrdata.txt] 파일에 다음과 같이 qrcode로 변경할 내용을 입력합니다. 한 줄 한 줄 변경되므로 여러 줄 입력하여도 됩니다.

"04_QR 코드 생성기" 폴더에 "qrdata.txt" 파일에 데이터들을 QR 코드로 만들어줘. 이미지 파일이 저장되는 위치를 "04.QR 코드 생성기" 폴더에 저장되게끔 작성해줘

 주어진 데이터들을 qrdata.txt 파일에서 읽어와 QR 코드를 생성하고 이미지 파일을 04.QR 코드 생성기 폴더에 저장하는 코드는 다음과 같습니다.

---

main4-3.py

```python
import qrcode
import os

# 데이터가 저장된 파일 경로
file_path = os.path.join("04.QR 코드 생성기", "qrdata.txt")

# QR 코드 생성 함수
def create_qrcode(data):
    # QR 코드 생성
    img = qrcode.make(data)
    # 이미지 파일로 저장
    img_file_path = os.path.join("04.QR 코드 생성기", f"qrcode_{data}.png")
    img.save(img_file_path)

# qrdata.txt 파일에서 데이터 읽어오기
with open(file_path, 'r') as f:
    for line in f:
        # 개행 문자 제거
        data = line.strip()
        create_qrcode(data)
```

위 코드에서 create_qrcode() 함수는 주어진 데이터를 이용하여 QR 코드 이미지를 생성하고, img.save() 메소드를 이용해 04.QR 코드 생성기 폴더에 이미지 파일을 저장합니다. qrdata.txt 파일에서 데이터를 읽어오기 위해 open() 함수를 이용하고, for루프를 이용해 한 줄씩 데이터를 읽어옵니다. strip() 메소드를 이용해 개행 문자를 제거한 뒤, create_qrcode() 함수를 호출하여 해당 데이터에 대한 QR 코드를 생성합니다.

실행결과

[▷ Python 파일 실행] 버튼을 클릭하여 코드를 실행합니다.
[qrdata.txt] 파일에서 읽어 qrcode로 변환하여 저장하였습니다.

프로그램 05 컴퓨터의 정보 확인

프로그램 설명	컴퓨터의 자원인 CPU, RAM, 네트워크의 사용량을 확인하는 프로그램을 만들어봅니다.

폴더와 파일 생성하기

[챗GPT로 만드는 파이썬 작품들] 폴더에 [05.컴퓨터의 정보 확인] 폴더를 생성 후 [main5-1.py], [main2-2.py] 파일을 생성합니다.

```
∨ 📁 05.컴퓨터의 정보 확인
     🐍 main5-1.py
     🐍 main5-2.py
```

CPU, RAM, 네트워크의 사용량을 1초마다 출력

컴퓨터에서 사용하는 CPU와 RAM, 네트워크의 사용량을 측정하는 프로그램을 요청합니다.

 파이썬으로 CPU, RAM, 네트워크의 사용량을 1초마다 출력하는 프로그램을 작성해줘.

 아래는 파이썬으로 CPU, RAM, 네트워크 사용량을 1초마다 출력하는 프로그램입니다. 주석을 통해 코드의 설명을 제공하였습니다.

---

main5-1.py

```python
import psutil # psutil 모듈을 사용하기 위해 import 합니다.
import time # time 모듈을 사용하기 위해 import 합니다.

# 무한루프를 돌며 CPU, RAM, 네트워크 사용량을 출력합니다.
while True:
    # CPU 사용량을 구하고 출력합니다.
    cpu_percent = psutil.cpu_percent(interval=None)
    print(f"CPU 사용량: {cpu_percent}%")

    # 메모리 사용량을 구하고 출력합니다.
    mem = psutil.virtual_memory()
    mem_percent = mem.percent
    print(f"메모리 사용량: {mem_percent}%")

    # 네트워크 사용량을 구하고 출력합니다.
    net_io_counters = psutil.net_io_counters()
    bytes_sent = net_io_counters.bytes_sent
```

```
    bytes_recv = net_io_counters.bytes_recv
    print(f"네트워크 사용량: 송신={bytes_sent}bytes, 수신={bytes_recv}bytes")

    # 1초 대기합니다.
    time.sleep(1)
```

위 코드에서 psutil 모듈은 시스템 정보를 얻는 파이썬 라이브러리입니다. psutil 모듈을 사용하면 CPU, 메모리, 디스크, 네트워크 등의 시스템 정보를 쉽게 얻을 수 있습니다. 이 프로그램은 무한루프를 돌며 1초마다 CPU, RAM, 네트워크 사용량을 출력합니다. CPU 사용량은 psutil.cpu_percent 함수를 사용하여 구하고, 메모리 사용량은 psutil.virtual_memory 함수를 사용하여 구합니다. 네트워크 사용량은 psutil.net_io_counters 함수를 사용하여 구합니다. time.sleep 함수를 사용하여 1초간 대기합니다.

실행결과

[▷ Python 파일 실행] 버튼을 클릭하여 코드를 실행합니다.
CPU, RAM, 네트워크의 사용량이 1초마다 터미널에 표시됩니다.

```
CPU 사용량: 17.3%
메모리 사용량: 29.4%
네트워크 사용량: 송신=47621172bytes, 수신=514912523bytes
CPU 사용량: 17.6%
메모리 사용량: 29.6%
네트워크 사용량: 송신=47621396bytes, 수신=514913680bytes
CPU 사용량: 18.8%
메모리 사용량: 29.5%
네트워크 사용량: 송신=47637427bytes, 수신=514926391bytes
```

GUI 프로그램으로 CPU,RAM 사용량 출력

파이썬의 터미널로 사용량을 확인하는 방법보다는 GUI (그래픽 유저 인터페이스) 방식으로 윈도우의 다른 프로그램처럼 GUI를 이용하여 CPU와 RAM의 사용량을 출력하는 프로그램을 만들어봅니다.

 파이썬으로 간단한 GUI를 이용해서 CPU, RAM사용량을 1초마다 표시하는 프로그램을 작성해줘.

 아래는 파이썬으로 간단한 GUI를 이용하여 CPU, RAM 사용량을 1초마다 표시하는 프로그램입니다. Tkinter 모듈을 사용하여 GUI를 구현하였습니다. 주석을 통해 코드의 설명을 제공하였습니다.

main5-2.py

```python
import psutil
import tkinter as tk

# 윈도우를 생성합니다.
window = tk.Tk()
```

```python
window.title("시스템 모니터")

# CPU 사용량을 표시할 라벨을 생성합니다.
cpu_label = tk.Label(window, text="CPU 사용량: ")
cpu_label.pack()

# RAM 사용량을 표시할 라벨을 생성합니다.
ram_label = tk.Label(window, text="RAM 사용량: ")
ram_label.pack()

# 무한루프를 돌며 CPU, RAM 사용량을 업데이트합니다.
def update_usage():
    # CPU 사용량을 구하고 라벨에 업데이트합니다.
    cpu_percent = psutil.cpu_percent(interval=None)
    cpu_label.config(text=f"CPU 사용량: {cpu_percent}%")

    # RAM 사용량을 구하고 라벨에 업데이트합니다.
    mem = psutil.virtual_memory()
    mem_percent = mem.percent
    ram_label.config(text=f"RAM 사용량: {mem_percent}%")

    # 1초 대기합니다.
    window.after(1000, update_usage)

# 무한루프를 돌며 GUI를 업데이트합니다.
update_usage()

# 윈도우를 실행합니다.
window.mainloop()
```

위 코드에서 Tkinter 모듈을 사용하여 윈도우를 생성하고, CPU, RAM 사용량을 표시할 라벨을 생성합니다. update_usage 함수에서는 무한루프를 돌며 CPU, RAM 사용량을 업데이트합니다. after 함수를 사용하여 1초마다 update_usage 함수를 호출합니다. 마지막으로 mainloop 함수를 호출하여 윈도우를 실행합니다.

실행결과

[▷ Python 파일 실행] 버튼을 클릭하여 코드를 실행합니다.
1초마다 CPU와 RAM사용량을 출력하는 GUI 프로그램을 만들었습니다.

프로그램 만들기 06 압축 파일 암호 푸는 프로그램

프로그램 설명 암호가 걸려있는 ZIP 파일의 압축 암호를 알아내는 프로그램을 만들어 봅니다.

폴더와 파일 생성하기

[챗GPT로 만드는 파이썬 작품들] 폴더에 [05.컴퓨터의 정보 확인] 폴더를 생성 후 [main6-1.py] 파일을 생성합니다.

암호로 압축된 파일 준비하기

VS Code에서 [main6-1.py] 파일에 마우스 오른쪽을 클릭 후 [파일 탐색기에 표시]를 클릭합니다.

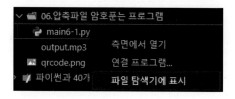

[main6-1.py] 파일의 위치에 파일탐색기가 열렸습니다. 암호로 압축 파일을 만들기 위해서 압축할 파일을 생성합니다. [암호.txt] 파일로 텍스트 파일을 생성하였습니다.

용량이 없는 파일은 암호로 압축되지 않기 때문에 아무 내용을 입력한 다음 저장합니다.

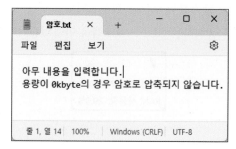

반디집 등을 이용하여 압축 합니다. [암호.txt] 파일에 마우스 오른쪽을 클릭 후 [반디집으로 압축하기...]을 클릭합니다.

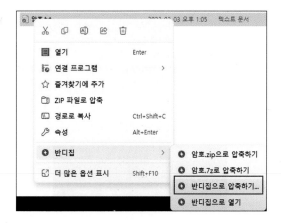

[암호 설정...]을 눌러 암호를 설정한 다음 [압축 시작]을 눌러 압축합니다.

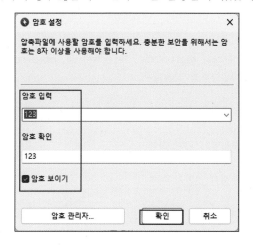

암호 설정에서는 암호를 입력 후 [확인]을 누르면 암호를 설정할 수 있습니다.

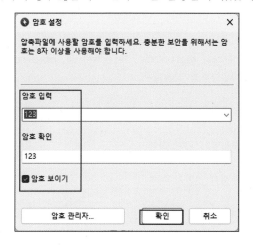

비밀번호 123으로 압축한 [암호.zip] 파일을 만들었습니다.

VS Code에서도 동일한 파일을 확인 할 수 있습니다.

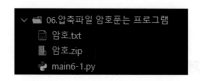

압축 파일의 암호를 찾는 프로그램 만들기

압축 파일의 암호를 찾을 경우 간혹 챗GPT가 윤리적인 문제로 답변을 하지 않는 경우가 있습니다. 답변을 할 수 있도록 여러 번 질문을 하거나 직접적인 질물이 아닌 간접적인 질문을 통해 결과를 얻을 수 있습니다.

 파이썬으로 ZIP 파일의 암호를 찾는 예제코드를 만들어줘. 숫자, 영문자를 입력해서 찾는 방법이야. 암호의 자리수는 1~9자리까지야. 코드에 주석을 이용해서 코드를 설명해줘. 코드는 함수로 만들어줘, 함수의 사용까지 알려줘

 다음은 주어진 압축 파일에서 주어진 영문자 및 숫자로 구성된 비밀번호를 찾는 Python 함수의 예입니다. 이 함수는 zipfile 라이브러리를 사용하여 zip 파일을 엽니다. 그런 다음 itertools 라이브러리를 사용하여 비밀번호 후보의 가능한 모든 조합을 생성합니다. 이 함수는 첫 번째로 일치하는 비밀번호를 반환합니다.

main6-1.py

```python
import itertools
import zipfile

def crack_zip_password(zipfilename, digits=True, letters=True, max_length=9):
    """주어진 zip 파일에서 비밀번호를 찾습니다.
    zipfilename : str
        비밀번호를 찾을 zip 파일의 경로
    digits : bool (기본값 True)
        비밀번호에 숫자를 포함할 것인지 여부
    letters : bool (기본값 True)
        비밀번호에 문자를 포함할 것인지 여부
    max_length : int (기본값 9)
        비밀번호의 최대 길이
```

```
    Returns:
        str : 비밀번호
    """

    # 비밀번호 후보를 생성합니다.
    # digits와 letters 매개 변수에 따라 다른 문자 집합을 사용합니다.
    chars =""
    if digits:
        chars +="0123456789"
    if letters:
        chars +="abcdefghijklmnopqrstuvwxyzABCDEFGHIJKLMNOPQRSTUVWXYZ"
    passwords = itertools.chain.from_iterable(
        itertools.product(chars, repeat=i) for i in range(1, max_length +1)
    )

    # 비밀번호를 하나씩 시도합니다.
    with zipfile.ZipFile(zipfilename) as zf:
        for password in passwords:
            password ="".join(password)
            print(password)
            try:
                zf.extractall(pwd=password.encode())
                return password
            except:
                pass

    # 비밀번호를 찾지 못한 경우 None을 반환합니다.
    return None

password = crack_zip_password(r"06.압축 파일 암호푼는 프로그램\암호.zip", digits=True, let-
ters=True, max_length=9)
print("비밀번호는:",password)
```

이 함수는 주어진 zip 파일에서 숫자와/또는 영문자로 이루어진 비밀번호를 찾을 수 있습니다. 비밀
번호의 최대 길이는 max_length매개 변수로 설정할 수 있습니다. max_length가 9보다 작으면 모
든 비밀번호 후보를 생성할 수 있습니다. 함수가 반환하는 값은 첫 번째로 일치하는 비밀번호입니
다. 비밀번호를 찾지 못한 경우 함수는 None을 반환합니다.

코드에서 파일의 경로 입력은 압축 파일의 경로로 입력해야 합니다.

```
password =crack_zip_password(r"06.압축 파일 암호푼는 프로그램\암호.zip",
digits=True, letters=True, max_length=9)
```

VS Code에서는 파일선택 후 마우스 오른쪽을 클릭한 다음 [상대 경로 복사]를 통해 손쉽게 경로를 복사 할 수 있습니다.

실행결과

[▷ Python 파일 실행] 버튼을 클릭하여 코드를 실행합니다.

비밀번호를 대입하다가 맞는 번호가 나오면 실행을 멈추고 비밀번호를 출력합니다.

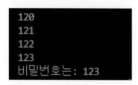

07 환율 변환기

프로그램 만들기

프로그램 설명 환율에 따라서 화폐를 변환하는 환율 변환기를 만들어봅니다.

폴더와 파일 생성하기

[챗GPT로 만드는 파이썬 작품들] 폴더에 [07.환율 변환기] 폴더를 생성 후 [main7-1.py] 파일을 생성합니다.

> ∨ 📁 07.환율 변환기
> 🐍 main7-1.py

환율 변환기 만들기

몇 번 가입을 통한 API방법을 알려주었기에 가입과 API를 사용하지 않는 방법으로 코드를 생성하기 위해서 가입할 필요 없는 방법으로 요청하였습니다.

 파이썬으로 환율 변환기를 만들어줘. 가입이 필요 없는 방법으로.

 네, 파이썬으로 간단한 환율 변환기를 만들어드릴 수 있습니다. 다음은 기본적인 환율 변환기의 예시 코드입니다.

main7-1.py

```python
import requests

def currency_converter(amount, from_currency, to_currency):
    # API 호출 URL
    url = f"https://api.exchangerate-api.com/v4/latest/{from_currency}"
    # API 호출 및 응답 받기
    response = requests.get(url)
    data = response.json()
    # 환율 계산
    exchange_rate = data['rates'][to_currency]
    result = round(amount * exchange_rate, 2)
    # 결과 반환
    return result

print("환율 변환기")
print("============")
```

```
while True:
    try:
        # 변환하려는 금액 입력
        amount = float(input("변환하려는 금액을 입력하세요: "))
        # 변환하려는 화폐 입력
        from_currency = input("어떤 화폐에서 변환하시겠습니까? (예: USD, KRW): ").upper()
        to_currency = input("어떤 화폐로 변환하시겠습니까? (예: USD, KRW): ").upper()
        # 환율 계산
        result = currency_converter(amount, from_currency, to_currency)
        # 결과 출력
        print(f"{amount} {from_currency}은(는) {result} {to_currency}입니다.")
        # 계속 변환할지 묻기
        choice = input("계속 변환하시겠습니까? (Y/N): ").upper()
        if choice !="Y":
            break
    except:
        print("올바른 값을 입력해주세요.")
```

currency_converter() 함수는 requests 라이브러리를 사용하여 https://api.exchangerate-api. com사이트의 API를 호출하여 환율 정보를 얻습니다. 이 API는 가입 없이 사용할 수 있으며, 매일 업데이트된 환율 정보를 제공합니다. 위 코드에서 amount는 변환하려는 금액이며, from_currency 와 to_currency는 각각 변환하려는 화폐의 코드입니다.

위 코드는 사용자로부터 입력을 받아 currency_converter 함수를 호출하여 환율을 계산하고, 결과 를 출력합니다. 사용자는 계속해서 환율을 변환할지 여부를 물어보는 메시지를 받으며, 사용자가 Y 를 입력하면 계속 진행하고, Y이외의 값을 입력하면 종료됩니다.

이제 위 코드를 실행해보면 사용자가 환율을 변환할 수 있는 프로그램이 동작할 것입니다.

실행결과

[▷ Python 파일 실행] 버튼을 클릭하여 코드를 실행합니다.

변환하려는 금액과 원래화폐, 변환화폐를 입력하여 실시간 환율에 따른 환율 변환기를 실행합니다.

```
환율 변환기
========
변환하려는 금액을 입력하세요: 1000000
어떤 화폐에서 변환하시겠습니까? (예: USD, KRW): KRW
어떤 화폐로 변환하시겠습니까? (예: USD, KRW): USD
1000000.0 KRW은(는) 762.0 USD입니다.
계속 변환하시겠습니까? (Y/N):
```

화폐목록 확인하기

지원되는 화폐목록이 궁금하여 지원되는 화폐목록을 질문하였습니다. 질문의 경우 위의 대화내용과 이어지니 같은 채팅 상에서 질문을 합니다. 따른 채팅방을 이용하여 질문할 경우 더욱더 구체적으로 질문을 해야 합니다. 챗GPT는 위에서 질문한 내용과 답변한 내용을 기억하고 있어 그 내용을 토대로 답변을 합니다.

 변환할 수 있는 화폐목록에 대해서 나열해줘. USD(미국), KRW(대한민국) 이것처럼

 https://api.exchangerate-api.com사이트의 API에서 사용되는 화폐 코드와 함께 각 화폐의 전체 이름을 함께 나열해드립니다.

미국 (USD)

유럽 (EUR)

호주 (AUD)

불가리아 (BGN)

브라질 (BRL)

캐나다 (CAD)

스위스 (CHF)

칠레 (CLP)

중국 (CNY)

콜롬비아 (COP)

체코 (CZK)

덴마크 (DKK)

도미니카 공화국 (DOP)

이집트 (EGP)

영국 (GBP)

푸지 (FJD)

온스 (XAU)

GTQ (GTQ)

홍콩 (HKD)

크로아티아 (HRK)

헝가리 (HUF)

인도네시아 (IDR)

이스라엘 (ILS)

인도 (INR)

아이슬란드 (ISK)

일본 (JPY)

대한민국 (KRW)

카자흐스탄 (KZT)

멕시코 (MXN)

말레이시아 (MYR)

노르웨이 (NOK)

뉴질랜드 (NZD)

파나마 (PAB)

페루 (PEN)

필리핀 (PHP)

파키스탄 (PKR)

폴란드 (PLN)

파라과이 (PYG)

루마니아 (RON)

러시아 (RUB)

사우디아라비아 (SAR)

스웨덴 (SEK)

싱가포르 (SGD)

태국 (THB)

터키 (TRY)

대만 (TWD)

우크라이나 (UAH)

우루과이 (UYU)

남아프리카 공화국 (ZAR)

위의 목록에서 괄호 안에 표시된 3자리 화폐 코드를 사용하여 currency_converter 함수에서 from_currency와 to_currency 매개 변수를 설정할 수 있습니다. 예를 들어, 미국 달러(USD)에서 대한민국 원(KRW)으로 변환하려면 from_currency="USD"to_currency="KRW"로 설정하면 됩니다.

08 파일 압축 프로그램

프로그램 설명 파일을 압축하거나 암호를 이용하여 압축하는 프로그램을 만들어봅니다.

폴더와 파일 생성하기

[챗GPT로 만드는 파이썬 작품들] 폴더에 [08.파일 압축 프로그램] 폴더를 생성 후 [main8-1.py], [main8-1.py] 파일을 생성합니다.

라이브러리 설치하기

pyzipper는 파이썬에서 ZIP 압축 파일을 처리하기 위한 모듈 중 하나입니다. zipfile 모듈과 달리 pyzipper는 암호화와 같은 보안 기능을 포함하고 있습니다. 따라서 비밀번호로 보호된 ZIP 파일을 생성하거나, 이전에 생성된 비밀번호로 보호된 ZIP 파일을 읽을 수 있습니다.

다음의 명령어를 터미널에 입력하여 라이브러리를 설치합니다.

```
pip install pyzipper
```

압축할 파일 준비하기

[08.파일 압축 프로그램] 폴더에 [압축.txt] 파일을 생성합니다.

아무 내용을 입력 후 [컨트롤 + s]를 눌러 저장합니다.

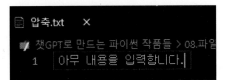

파일 압축하기

파이썬으로 파일을 압축하기 위해서 파일 압축프로그램을 만듭니다.

 파이썬으로 파일을 압축하는 프로그램을 만들어줘

 파이썬으로 파일을 압축하는 프로그램을 만들기 위해서는 zipfile 모듈을 사용할 수 있습니다. 아래는 zipfile 모듈을 이용하여 파일을 압축하는 간단한 예시 코드입니다.

main8-1.py

```python
import zipfile

def compress_file(file_path):
    with zipfile.ZipFile(file_path +'.zip', 'w') as zip_file:
        zip_file.write(file_path)

if __name__ =='__main__':
    compress_file('08.파일 압축 프로그램\압축.txt')
```

위 코드에서 compress_file() 함수는 파일 경로를 인자로 받아 해당 파일을 압축한 뒤, 같은 경로에 .zip확장자를 가진 파일로 저장합니다.

이 코드를 실행하면 compress_file() 함수를 호출한 위치와 같은 경로에 압축 파일이 생성됩니다.

실행결과

[▶ Python 파일 실행] 버튼을 클릭하여 코드를 실행합니다. 파일이 압축되어 [압축.txt.zip] 파일이 생성되었습니다.

암호를 추가하여 압축하기

zipfile 라이브러리의 경우 암호가 적용되지 않아, pyzipper 모듈을 사용하여 진행하였습니다. 직접적으로 pyzipper 모듈을 사용해줘 라고 질문해도 좋습니다.

압축할 때 암호를 지정해서 압축하는 프로그램을 만들어줘

 pyzipper 모듈과 같은 다른 모듈을 사용하여 압축 파일에 암호를 설정할 수 있습니다. pyzipper 모듈은 zipfile 모듈과 유사한 인터페이스를 제공하며, 암호를 지원합니다.
아래는 pyzipper 모듈을 사용하여 파일을 압축하면서 암호를 지정하는 예시 코드입니다.

main8-2.py

```python
import pyzipper

def compress_file_with_password(file_path, password):
    # read the file contents
    with open(file_path, 'rb') as f:
        data = f.read()
    # create a new zip file with the given name
    with pyzipper.AESZipFile(file_path +'.zip', 'w', compression=pyzipper.ZIP_DEFLATED, encryp-
tion=pyzipper.WZ_AES) as zip_file:
        # set password for the zip file
        zip_file.setpassword(password.encode('utf-8'))
        # write the file to the zip file
        zip_file.writestr(file_path, data)

if __name__ =='__main__':
    # specify the file path and password
    compress_file_with_password('08.파일 압축 프로그램\압축.txt', '1234')
```

위 코드에서는 pyzipper.AESZipFile() 클래스를 사용하여 새로운 압축 파일을 생성합니다. setpassword() 메서드를 사용하여 암호를 설정하고, writestr() 메서드를 사용하여 파일을 압축 파일에 추가합니다. 이제 위 코드를 실행하면 compress_file_with_password() 함수를 호출한 위치와 같은 경로에 암호화된 압축 파일이 생성됩니다.

실행결과

[▶ Python 파일 실행] 버튼을 클릭하여 코드를 실행합니다.
[압축.txt.zip] 파일에 암호가 잘 설정되어졌습니다.

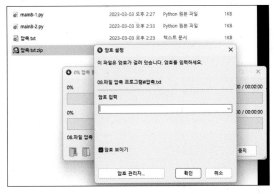

if __name__ == '__main__': 의미 알아보기

코드 내용 중 if __name__ == '__main__': 이 궁금하여 질문하였습니다.

 if __name__ == '__main__': 의미에 대해서 알려줘

 if __name__ == '__main__':은 파이썬 스크립트가 직접 실행되는 경우에만 코드 블록을 실행하도록 하는 조건문입니다.

파이썬 스크립트는 두 가지 방법으로 실행될 수 있습니다.
❶ 스크립트 파일을 직접 실행하는 경우
❷ 다른 스크립트에서 import를 사용하여 스크립트를 모듈로 불러오는 경우

if __name__ == '__main__': 조건문은 스크립트 파일이 직접 실행되는 경우에만 코드 블록을 실행하도록 보장합니다. 이 조건문이 없으면 다른 스크립트에서 해당 모듈을 import 할 때 코드 블록이 실행되어 문제가 발생할 수 있습니다.

즉, if __name__ == '__main__': 조건문을 사용하면 스크립트 파일을 모듈로 불러올 때는 실행되지 않고, 스크립트 파일이 직접 실행될 때만 코드 블록이 실행되도록 보장합니다.

프로그램 만들기 09 영어 문서를 한글로 자동번역

프로그램 설명 영어 파일을 읽어 한글 번역 후 저장하는 프로그램을 만들어봅니다.

폴더와 파일 생성하기

[챗GPT로 만드는 파이썬 작품들] 폴더에 [09.영어로된 문서를 한글로 자동번역] 폴더를 생성 후 [main9-1.py] 파일을 생성합니다.

> ∨ 📁 09.영어로된 문서를 한글로 자동번역
> 🐍 main9-1.py

라이브러리 설치하기

번역기능을 사용하기 위해서는 googletrans 라이브러리를 설치해야 합니다. 다음 명령을 사용하여 설치할 수 있습니다.

```
pip install googletrans==4.0.0-rc1
```

영어파일 준비하기

[09.영어로된 문서를 한글로 자동번역] 폴더에 [영어문서.txt] 파일을 생성합니다.

[영어문서.txt] 파일에 영어로 변역할 문장을 입력합니다.

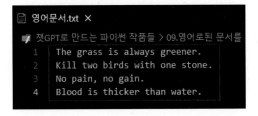

영어문서를 한글로 번역하여 저장하기

읽어올 파일의 경로와 저장할 파일의 경로를 지정하여 질문을 통한 코드를 얻습니다.

파이썬으로 "09.영어로된 문서를 한글로 자동번역₩영어문서.txt" 파일에서 영어를 한국어로 번역해서
"09.영어로된 문서를 한글로 자동번역₩한글번역.txt" 파일에 저장하는 코드를 작성해줘

 다음과 같은 코드를 사용하여 파일을 번역할 수 있습니다.

main9-1.py

```python
from googletrans import Translator

# 번역할 파일 경로
input_file_path ="09.영어로된 문서를 한글로 자동번역\영어문서.txt"

# 번역된 파일 저장 경로
output_file_path ="09.영어로된 문서를 한글로 자동번역\한글번역.txt"
# 번역기 생성
translator = Translator()

# 파일 읽기
with open(input_file_path, "r", encoding="utf-8") as input_file:
    text = input_file.read()

# 번역
result = translator.translate(text, dest="ko")

# 번역된 결과를 파일에 쓰기
with open(output_file_path, "w", encoding="utf-8") as output_file:
    output_file.write(result.text)
```

위 코드에서 googletrans 라이브러리를 사용하여 번역기 객체 translator를 생성합니다. 그런 다음
with문을 사용하여 파일을 읽고 번역합니다. 마지막으로 번역된 결과를 파일에 쓰면 됩니다. dest매
개 변수는 번역될 언어를 지정합니다. 여기서는 한국어(ko)로 지정했습니다.

실행결과

[▷ Python 파일 실행] 버튼을 클릭하여 코드를 실행합니다.
[한글번역.txt] 파일이 생성되었습니다.

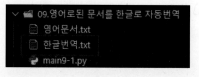

[한글번역.txt] 파일을 열어 확인해보면 한글로 번역되어서 저장되었음을 확인 할 수 있습니다.

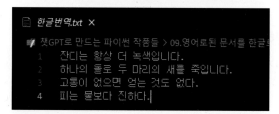

프로그램 만들기 **10** 이메일을 수집하여 엑셀에 기록하기

프로그램 설명   특정 사이트에서 이메일을 수집하여 수집된 결과를 엑셀 파일로 저장하는 프로그램을 만들어봅니

폴더와 파일 생성하기

[챗GPT로 만드는 파이썬 작품들] 폴더에 [10.이메일을 수집하여 엑셀에 기록하기] 폴더를 생성 후
[main10-1.py], [main10-2.py] 파일을 생성합니다.

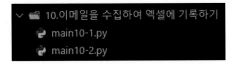

웹페이지에서 이메일 추출하기

웹페이지에 접속하고 웹페이지의 텍스트를 읽어 이메일의 형식을 수집하는 코드를 요청합니다.

 파이썬으로 웹페이지에서 이메일을 수집하는 코드를 작성해줘

 이메일을 수집하는 것은 일반적으로 웹 스크래핑을 통해 이루어집니다. 파이썬에서는 requests와
BeautifulSoup 라이브러리를 사용하여 간단하게 이메일을 수집할 수 있습니다.
다음은 예시 코드입니다.

main10-1.py

```python
import requests
from bs4 import BeautifulSoup
import re

url ="https://v.daum.net/v/20230303140011566" # 이메일을 수집할 웹 페이지 주소
response = requests.get(url) # 웹 페이지 요청
soup = BeautifulSoup(response.text, "html.parser") # BeautifulSoup 객체 생성
emails = []

# 이메일 패턴
email_pattern = r'\b[A-Za-z0-9._%+-]+@[A-Za-z0-9.-]+\.[A-Z|a-z]{2,}\b'

# 웹 페이지에서 모든 텍스트 추출
text = soup.get_text()
```

```
# 이메일 패턴 매칭 후 리스트에 추가
for match in re.findall(email_pattern, text):
    emails.append(match)

# 중복 제거
emails = list(set(emails))

# 결과 출력
print(emails)
```

이 코드는 주어진 URL의 HTML을 가져와서 BeautifulSoup 객체로 변환한 후, HTML의 모든 텍스트를 추출합니다. 추출한 텍스트에서 이메일 패턴을 찾아서 리스트에 추가하고, 중복된 이메일은 제거합니다. 최종 결과는 리스트로 출력됩니다.

이 코드는 이메일 주소가 HTML 태그 속성(attribute)이나 JavaScript 코드로 숨겨져 있는 경우에는 찾아낼 수 없습니다. 이러한 경우에는 추가적인 웹 스크래핑 기술이 필요합니다.

실행결과

[▷ Python 파일 실행] 버튼을 클릭하여 코드를 실행합니다.
뉴스사이트에 접속해서 이메일 주소를 추출하였습니다. 이메일 주소는 모자이크 처리하였습니다.

```
['■■■ve@yna.co.kr']
```

이메일을 엑셀로 저장하기

저장할 엑셀 파일의 경로를 입력하여 질문합니다. 수집된 이메일 주소는 엑셀 파일에 저장하는 코드를 요청합니다.

 찾은 이메일 주소를 "10.이메일을 수집하여 엑셀에 기록하기" 폴더에 이메일.xlsx 로 저장하는 코드를 작성해줘

 위 예시 코드에서 이메일을 수집하고 리스트에 저장하는 과정 이후에, 이메일을 엑셀 파일에 저장하기 위해 pandas 라이브러리를 사용할 수 있습니다.
다음은 예시 코드입니다.

main10-2.py

```
import requests
from bs4 import BeautifulSoup
import re
import pandas as pd

url ="https://v.daum.net/v/20230303140011566" # 이메일을 수집할 웹 페이지 주소
```

```
response = requests.get(url) # 웹 페이지 요청
soup = BeautifulSoup(response.text, "html.parser") # BeautifulSoup 객체 생성
emails = []

# 이메일 패턴
email_pattern = r'\b[A-Za-z0-9._%+-]+@[A-Za-z0-9.-]+\.[A-Z|a-z]{2,}\b'

# 웹 페이지에서 모든 텍스트 추출
text = soup.get_text()

# 이메일 패턴 매칭 후 리스트에 추가
for match in re.findall(email_pattern, text):
    emails.append(match)

# 중복 제거
emails = list(set(emails))

# 결과 출력
print(emails)

# 이메일을 엑셀 파일로 저장
df = pd.DataFrame(emails, columns=["Email"])
df.to_excel("10.이메일을 수집하여 엑셀에 기록하기/이메일.xlsx", index=False)
```

이 코드는 pandas 라이브러리를 사용하여 이메일 리스트를 데이터프레임으로 변환하고, to_excel 메서드를 사용하여 엑셀 파일로 저장합니다. 저장할 때 인덱스는 제외하도록 index=False 옵션을 추가하였습니다. 이메일이 저장된 엑셀 파일은 "10.이메일을 수집하여 엑셀에 기록하기" 폴더에 "이메일.xlsx"라는 이름으로 저장됩니다.

실행결과

[▷ Python 파일 실행] 버튼을 클릭하여 코드를 실행합니다.

[10.이메일을 수집하여 엑셀에 기록하기] 폴더에 [이메일.xlsx] 파일이 생성되었습니다.

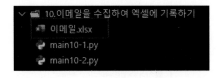

[이메일.xlsx] 파일을 열어보면 값이 잘 저장되었음을 확인 할 수 있습니다.

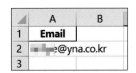

11 엑셀에서 읽어 이메일 자동으로 보내기

프로그램 설명	이메일의 정보가 있는 엑셀 파일을 읽어 이메일 주소로 자동으로 메일을 보내는 프로그램을 만들어봅니다.

폴더와 파일 생성하기

[챗GPT로 만드는 파이썬 작품들] 폴더에 [11.엑셀에서 읽어 이메일 자동으로 보내기] 폴더를 생성 후 [main11-1.py], [main11-2.py] 파일을 생성합니다.

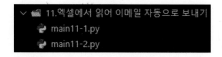

네이버 메일 및 구글 메일 설정하기

네이버 메일 및 구글 메일을 통해 이메일을 보내기위해서는 이메일을 설정해야 합니다. 네이버 이메일 설정 방법입니다. 네이버 사이트에 접속 후 [메일] 부분을 클릭하여 메일 페이지에 접속합니다.

[내 메일함]의 톱니바퀴(설정) 부분을 클릭합니다.

[POP3/IAMP 설정] 에서 [IMAP/SMTP 설정] 탭으로 이동 후 IMAP/SMTP 사용에서 사용함을 체크한 다음 [확인] 버튼을 눌러 사용함으로 설정합니다.

네이버는 다음과 같은 설정으로 파이썬에서 이메일의 사용이 가능합니다. 이메일을 보낼 때 네이버의 아이디와 비밀번호가 필요합니다.

구글 이메일을 사용하기 위한 설정을 진행합니다.
구글 사이트에 접속한 다음 더보기에 [Gmail]을 클릭하여 메일 페이지로 접속합니다.

메일 페이지에서 오른쪽 위에 톱니바퀴아이콘(설정)을 클릭한 다음 [모든 설정 보기]를 클릭합니다.

[전달 및 POP/IMAP] 탭에서 IAMP 사용을 체크한 다음 [변경사항 저장] 버튼을 눌러 사용합니다.

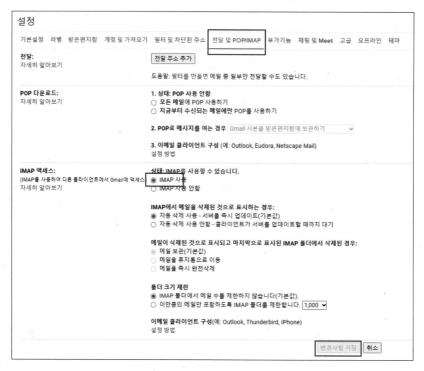

구글의 이메일을 파이썬에서 사용하기 위해서는 비밀번호를 그대로 사용하지 못하고 구글 계정에서 앱 비밀번호를 생성해서 사용해야 합니다.

앱 비밀번호를 생성하기 위해 자신의 계정에서 [Google 계정 관리]를 클릭합니다.

구글 이메일을 사용하기 위한 앱 비밀번호 생성은 2단계 보안이 설정되어야 합니다.

[보안] 탭에서 Google에 로그인의 [앱 비밀번호]를 클릭합니다.

비밀번호를 입력하여 다음단계로 진행합니다.

[메일] [Windows 컴퓨터]를 선택 후 [생성] 버튼을 눌러 생성합니다. Windows 컴퓨터가 아닐 경우 기타를 선택하여 이름을 적어줍니다.

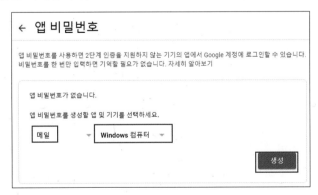

16자리의 비밀번호가 생성되었습니다. 파이썬을 통해 메일을 보낼 때 사용될 비밀번호입니다.
비밀번호는 다시 확인할 수 없으므로 복사하여 잘 보관합니다.

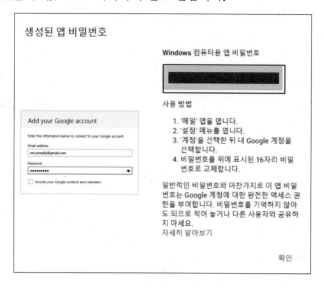

엑셀 파일 준비하기

[11.엑셀에서 읽어 이메일 자동으로 보내기] 폴더에 [이메일.xlsx] 이름으로 엑셀 파일을 생성합니다.

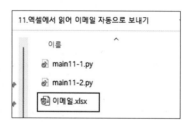

[이메일.xlsx] 파일의 A열에는 이메일 주소 B열에는 이름을 입력합니다.

	A	B
1	이메일	이름
2	test@example.com	홍길동
3	hello@example.com	장다인
4	hi@example.com	김땡땡
5	good@example.com	이땡땡

엑셀 파일에서 이메일, 이름 읽기

이메일과, 이름이 적힌 엑셀 파일에서 저장된 열을 알려주고 그 값을 저장 할 수 있도록 질문합니다.
챗GPT는 엑셀 파일에 어떤 값이 저장되어 있는지 모르기 때문에 저장된 값의 위치 등을 상세하게
알려줍니다.

파이썬으로 이메일.xlsx 엑셀 파일의 A열에는 이메일 주소가 저장되어 있고 B열에는 이름이 저장되어 있어. 이메일 주소와 이름을 출력하는 코드를 작성해줘

 아래는 파이썬 코드입니다.

main11-1.py

```python
import openpyxl

# 엑셀 파일 열기
wb = openpyxl.load_workbook('11.엑셀에서 읽어 이메일 자동으로 보내기\이메일.xlsx')
sheet = wb.active

# 각 행의 이메일과 이름 출력
for row in sheet.iter_rows(min_row=2, values_only=True): # 첫 번째 행은 제외
    email, name = row
    print(f"{email}, {name}")

# 엑셀 파일 닫기
wb.close()
```

openpyxl 모듈을 사용하여 엑셀 파일을 엽니다.

active 속성을 사용하여 현재 활성화된 시트를 가져옵니다.

iter_rows() 메서드를 사용하여 각 행을 가져옵니다.

min_row=2 옵션을 사용하여 첫 번째 행을 제외합니다. (A1, B1은 열 이름이기 때문에)

values_only=True 옵션을 사용하여 셀 값만 가져옵니다. (셀 객체가 아닌 값만 필요한 경우 효율적입니다.)

각 행의 첫 번째 열(A열)은 email 변수에, 두 번째 열(B열)은 name 변수에 할당합니다.

print() 함수를 사용하여 이메일과 이름을 출력합니다.

close() 메서드를 사용하여 엑셀 파일을 닫습니다.

이메일.xlsx 파일의 경로는 VS Code에서 마우스 오른쪽을 클릭 후 [상대 경로 복사]를 통해 복사된 경로를 입력합니다.

실행결과

▷ Python 파일 실행] 버튼을 클릭하여 코드를 실행합니다.

[이메일.xlsx] 엑셀 파일에서 A열에 저장된 이메일, B열에 저장된 이름이 출력되었습니다.

엑셀 파일에서 읽은 이메일 주소로 메일 보내기

엑셀 파일에서 읽어온 이메일 주소를 이용하여 메일을 보내고 메일의 형식은 엑셀 파일에서 읽어온 이름 + 내용으로 보낼 내용까지 자세하게 질문으로 입력합니다.

 엑셀 파일에서 읽은 이메일 주소로 메일을 보내는 프로그램을 만들어줘. 제목은 읽은 이름 + 님 환영합니다. 내용은 이름 + 님 늦지 않게 와주세요. 로 작성해줘. 코드에서 이메일 주소와 비밀번호를 바로 입력 할 수 있도록 작성해줘

 아래는 파이썬 코드입니다. 코드 내용 중 your_email_address와 your_email_password부분을 본인의 이메일 주소와 비밀번호로 수정하여 사용하시기 바랍니다. 또한, 메일을 발송할 SMTP 서버 주소와 포트 번호도 본인의 메일 서비스에 맞게 수정해주셔야 합니다.

main11-2.py

```python
import openpyxl
import smtplib
from email.mime.text import MIMEText
from email.mime.multipart import MIMEMultipart

# 이메일 설정
your_email_address ="your_email_address@example.com" # 본인의 이메일 주소
your_email_password ="your_email_password" # 본인의 이메일 비밀번호
smtp_server ="smtp.naver.com" # SMTP 서버 주소
smtp_port =587 # SMTP 서버 포트 번호

# 엑셀 파일 열기
wb = openpyxl.load_workbook('11.엑셀에서 읽어 이메일 자동으로 보내기\이메일.xlsx')
sheet = wb.active

# 각 행의 이메일과 이름에 대해 메일 보내기
for row in sheet.iter_rows(min_row=2, values_only=True): # 첫 번째 행은 제외
    email, name = row
    # 이메일 내용 작성
    subject = f"{name}님 환영합니다."
    body = f"{name}님 늦지 않게 와주세요."
    message = MIMEMultipart()
    message['From'] = your_email_address
    message['To'] = email
    message['Subject'] = subject
    message.attach(MIMEText(body, 'plain'))
    # 이메일 보내기
    with smtplib.SMTP(smtp_server, smtp_port) as smtp:
        smtp.ehlo()
        smtp.starttls()
        smtp.login(your_email_address, your_email_password)
        smtp.sendmail(your_email_address, email, message.as_string())

# 엑셀 파일 닫기
wb.close()
```

openpyxl 모듈을 사용하여 엑셀 파일을 엽니다.

smtplib모듈을 사용하여 이메일을 보냅니다.

MIMEText와 MIMEMultipart 클래스를 사용하여 이메일 내용을 작성합니다.

이메일 내용에는 제목(subject)과 본문(body)이 있습니다.

MIMEMultipart객체를 생성한 후 From, To, Subject헤더를 설정합니다.

attach() 메서드를 사용하여 본문(body)을 추가합니다.

SMTP 클래스를 사용하여 SMTP 서버에 로그인하고 이메일을 보냅니다.

sendmail() 메서드를 사용하여 발신자(your_email_address), 수신자(email), 메일 내용(message. as_string())을 지정합니다.

close() 메서드를 사용하여 엑셀 파일을 닫습니다.

실행결과

[▶ Python 파일 실행] 버튼을 클릭하여 코드를 실행합니다.

엑셀 파일에서 읽어온 이메일 주소와 이름으로 이메일을 자동으로 발송하였습니다.

메일의 내용도 이름으로 자동으로 작성되었습니다.

12 가짜 개인정보를 만들어 엑셀에 저장하기

프로그램 설명 가짜 개인정보를 무작위로 생성하여 엑셀에 저장하는 프로그램을 만들어봅니다.

폴더와 파일 생성하기

[챗GPT로 만드는 파이썬 작품들] 폴더에 [12.가짜 개인정보를 만들어 엑셀에 저장하기] 폴더를 생성
후 [main12-1.py], [main12-2.py] 파일을 생성합니다.

> ∨ ▦ 12.가짜 개인정보를 만들어 엑셀에 저장하기
>   🐍 main12-1.py
>   🐍 main12-2.py

라이브러리 설치하기

다음의 명령어를 이용하여 Faker 라이브러리를 설치합니다. 가짜 데이터를 생성하기 위한 라이브러
리 입니다.

```
pip install Faker
```

엑셀을 사용하기 위한 라이브러리 입니다.

```
pip install openpyxl
```

가짜 개인정보 생성하기

가짜 개인정보를 생성하는 방법에 대해서 질문을 통해 묻습니다. 여러 가지 결과가 나왔다면 테스트
후 원하는 결과를 사용합니다. 여기서는 Faker 라이브러리를 이용하여 진행하였습니다.

 파이썬으로 가짜 개인정보를 만드는 법을 알려줘

 가짜 개인정보를 생성하는 방법은 여러 가지가 있지만, 파이썬에서는 Faker 라이브러리를 사용하여
가짜 개인정보를 만들 수 있습니다. 다음은 Faker 라이브러리를 사용하여 가짜 이름, 주소, 전화번호,
이메일 주소, 생년월일 등을 생성하는 예시 코드입니다.

main12-1.py

```
from faker import Faker
fake = Faker('ko_KR') # 한국어 가짜 데이터 생성
```

```
# 가짜 이름 생성
name = fake.name()

# 가짜 주소 생성
address = fake.address()

# 가짜 전화번호 생성
phone_number = fake.phone_number()

# 가짜 이메일 주소 생성
email = fake.email()

# 가짜 생년월일 생성
birthdate = fake.date_of_birth()
print(name, address, phone_number, email, birthdate)
```

위 코드에서 Faker 클래스를 이용하여 생성할 가짜 데이터의 언어를 지정할 수 있습니다. 위 코드에서는 ko_KR을 사용하여 한국어 가짜 데이터를 생성했습니다. 다른 언어를 사용하려면 Faker 클래스의 인자로 해당 언어의 로케일을 전달하면 됩니다. 예를 들어, 영어로 가짜 데이터를 생성하려면 Faker('en_US')와 같이 로케일을 전달하면 됩니다.

실행결과

[▷ Python 파일 실행] 버튼을 클릭하여 코드를 실행합니다.
다음과 같은 가짜 개인정보가 터미널에 출력되었습니다.

김혜진 경상북도 안산시 상록구 잠실길 (승민김리) 02-6566-1799 seojun08@example.net 1912-08-03

1000개의 가짜 정보 만들어 엑셀에 저장하기

질문 시 저장할 위치를 자세하게 정해서 질문을 할 경우 코드 상에서 저장하는 경로까지 자동으로 생성됩니다. 다만 경로의 경우 매번 100%로 설정되는 것은 아니기 때문에 코드를 완성 후 경로는 수정하는 방법으로 사용하여도 됩니다.

 1000개의 가짜 이름, 성별, 이메일, 전화번호를 엑셀에 저장하는 프로그램을 만들어줘. [12.가짜 개인정보를 만들어 엑셀에 저장하기 폴더]에 [개인정보.xlsx] 이름으로 저장해줘

 이 문제를 해결하기 위해서는 openpyxl 라이브러리를 사용하여 엑셀 파일을 생성하고 데이터를 저장해야 합니다. openpyxl 라이브러리를 사용하여 엑셀 파일을 생성한 후, Faker 라이브러리를 사용하여 가짜 데이터를 생성하고, 생성한 데이터를 엑셀 파일에 저장하면 됩니다. 다음은 이 문제를 해결하는 예시 코드입니다.

```python
from faker import Faker
from openpyxl import Workbook
fake = Faker('ko_KR')

# 엑셀 파일 생성
wb = Workbook()
ws = wb.active

# 헤더 추가
ws.append(['이름', '성별', '이메일', '전화번호'])

# 가짜 데이터 생성 및 저장
for i in range(1000):
    name = fake.name()
    gender = fake.random_element(elements=('남', '여'))
    email = fake.email()
    phone_number = fake.phone_number()
    ws.append([name, gender, email, phone_number])

# 엑셀 파일 저장
wb.save('12.가짜 개인정보를 만들어 엑셀에 저장하기/개인정보.xlsx')
```

위 코드에서는 openpyxl 라이브러리를 사용하여 새로운 엑셀 파일을 생성하고, ws 변수를 사용하여 엑셀 파일의 첫 번째 시트에 접근합니다. 그리고 ws.append() 함수를 사용하여 가짜 데이터를 시트에 추가하고, wb.save() 함수를 사용하여 엑셀 파일을 저장합니다. 저장할 경로는 문제에서 제시한 폴더와 파일 이름으로 지정하였습니다.

실행결과

[▷ Python 파일 실행] 버튼을 클릭하여 코드를 실행합니다.

개인정보.xlsx 파일이 생성되었습니다.

파일을 열어 확인해보면 이름, 성별, 이메일, 전화번호가 가짜로 1000개 생성되어 저장되었습니다.

	A	B	C	D	E
1	이름	성별	이메일	전화번호	
2	김영식	여	ii@examp	017-965-0215	
3	김상현	남	minjungin	055-303-5423	
4	박서영	여	jeongja70	061-647-4548	
5	나성훈	남	ygim@exa	043-546-5744	
6	오순옥	여	mijeong64	055-094-5825	
7	김민준	여	sinseoyeo	062-413-5322	
8	차성훈	여	jihye93@e	033-903-3131	
9	김정호	여	junseogim	051-084-6973	
10	이정식	여	vgim@exa	033-857-6640	
11	서상철	남	igim@exa	064-793-2689	
12	권은정	여	ujinan@e	052-309-7026	
13	송영철	남	sangho80	02-4822-0782	
14	장보람	남	yeongsug	032-569-6645	
15	김은서	여	jiagim@e	064-706-7968	

13 단위 변환기

프로그램 설명 온도를 화씨로 길이를 미터로 변환하는 단위 변환기를 만들어봅니다.

폴더와 파일 생성하기

[챗GPT로 만드는 파이썬 작품들] 폴더에 [13.단위 변환기] 폴더를 생성 후 [main13-1.py], [main13-2.py] 파일을 생성합니다.

단위 변환기 만들기

파이썬으로 단위 변환 프로그램을 요청하였습니다. 온도 변환과 길이변환 두 가지의 방법의 예제코드를 생성하였습니다. 원하는 단위 변환 방법이 있다면 질문으로 입력하여 추가하여도 괜찮습니다.

 파이썬으로 단위 변환 프로그램을 만들어줘

 네, 단위 변환 프로그램을 만들어드리겠습니다. 이 프로그램은 사용자로부터 변환하고자 하는 값을 입력받아, 해당 값의 단위를 변환하여 출력하는 간단한 프로그램입니다.

우선, 어떤 단위를 변환할 수 있는지와 그에 대한 변환 공식을 정리해보겠습니다.

섭씨 온도와 화씨 온도 변환 공식

섭씨 온도를 화씨 온도로 변환하는 공식: F = C * 9/5 + 32

화씨 온도를 섭씨 온도로 변환하는 공식: C = (F − 32) * 5/9

길이 단위 변환 공식

미터(m)를 피트(ft)로 변환하는 공식: ft = m * 3.281

피트(ft)를 미터(m)로 변환하는 공식: m = ft / 3.281

이제, 이러한 변환 공식을 바탕으로 파이썬 코드를 작성해보겠습니다.

main13-1.py

```python
while True:
    try:
        # 사용자로부터 변환하고자 하는 값과 단위를 입력받음
        value = float(input("변환하고자 하는 값을 입력하세요: "))
        unit = input("변환하고자 하는 단위를 입력하세요: ")
        # 입력받은 단위에 따라 변환 수행
```

```
        if unit =="C":
            fahrenheit = value *9/5 +32
            print("{0:.2f}°F".format(fahrenheit))
        elif unit =="F":
            celsius = (value -32) *5/9
            print("{0:.2f}°C".format(celsius))
        elif unit =="m":
            feet = value *3.281
            print("{0:.2f}ft".format(feet))
        elif unit =="ft":
            meter = value /3.281
            print("{0:.2f}m".format(meter))
        else:
            print("잘못된 입력입니다. 다시 시도해주세요.")
        # 다시 변환할 것인지 사용자에게 물어봄
        answer = input("다시 변환하시겠습니까? (Y/N)").upper()
        if answer =="N":
            break
    except ValueError:
        print("잘못된 입력입니다. 다시 시도해주세요.")
```

위 코드를 실행하면, 사용자로부터 변환하고자 하는 값과 단위를 입력받아 해당 단위를 변환한 값을 출력하고, 다시 변환할 것인지 물어보는 기능이 구현됩니다.

단위 변환이 필요한 다른 단위가 있다면, 해당 단위의 변환 공식을 찾아서 위 코드에 추가하면 됩니다.

실행결과

[▷ Python 파일 실행] 버튼을 클릭하여 코드를 실행합니다.

변환하고자 하는 값과 단위를 입력 하면 변환되어 출력됩니다.

```
변환하고자 하는 값을 입력하세요: 100
변환하고자 하는 단위를 입력하세요: m
328.10ft
다시 변환하시겠습니까? (Y/N)
```

단위 변환기 GUI 프로그램 만들기

단위 변환기를 편하게 사용하기 위해서 GUI 프로그램을 이용해서 만들어 달라고 요청하였습니다.

파이썬에서는 qt5, tkinter 등 다양한 GUI를 사용할 수 있지만 요번에는 qt5로 생성되었습니다.

파이썬으로 단위 변환 프로그램을 GUI를 이용해서 만들어줘

 네, 파이썬으로 GUI를 이용한 단위 변환 프로그램을 만들어드리겠습니다. 이번에는 PyQt5 라이브러리를 이용하여 GUI를 구현할 것입니다.
다음과 같이 코드를 작성해주세요.

---

main13-2.py

```python
import sys
from PyQt5.QtWidgets import QApplication, QWidget, QComboBox, QLineEdit, QLabel, QPushButton
class UnitConverter(QWidget):
    def __init__(self):
        super().__init__()
        self.initUI()
    def initUI(self):
        # 단위변환 프로그램 제목
        self.setWindowTitle("Unit Converter")
        # 입력 필드
        self.value_input = QLineEdit(self)
        self.value_input.setGeometry(20, 20, 150, 30)
        # 입력 단위 선택
        self.unit_from = QComboBox(self)
        self.unit_from.addItems(["Celsius", "Fahrenheit", "Meter", "Feet"])
        self.unit_from.setGeometry(180, 20, 100, 30)
        # 출력 단위 선택
        self.unit_to = QComboBox(self)
        self.unit_to.addItems(["Fahrenheit", "Celsius", "Feet", "Meter"])
        self.unit_to.setGeometry(290, 20, 100, 30)
        # 변환 버튼
        self.convert_button = QPushButton("Convert", self)
        self.convert_button.setGeometry(400, 20, 100, 30)
        self.convert_button.clicked.connect(self.convert)
        # 결과 출력
        self.result_label = QLabel("", self)
        self.result_label.setGeometry(20, 80, 480, 30)
        # 윈도우 크기 및 위치 설정
        self.setGeometry(300, 300, 520, 150)
        self.show()
    def convert(self):
        # 사용자로부터 입력값과 단위를 가져옴
        value = float(self.value_input.text())
        unit_from =self.unit_from.currentText()
        unit_to =self.unit_to.currentText()
        # 입력받은 단위에 따라 변환 수행
        if unit_from =="Celsius"and unit_to =="Fahrenheit":
```

```
            result = value *9/5 +32
        elif unit_from =="Fahrenheit"and unit_to =="Celsius":
            result = (value -32) *5/9
        elif unit_from =="Meter"and unit_to =="Feet":
            result = value *3.281
        elif unit_from =="Feet"and unit_to =="Meter":
            result = value /3.281
        else:
            result ="Invalid input"
        # 결과를 레이블에 출력
        self.result_label.setText("{:.2f} {} = {:.2f} {}".format(value, unit_from, result, unit_to))

if __name__ =='__main__':
    app = QApplication(sys.argv)
    converter = UnitConverter()
    sys.exit(app.exec_())
```

위 코드를 실행하면, 입력 필드와 단위 선택칸, 그리고 변환 버튼이 있는 윈도우가 나타납니다. 사용자는 입력 필드에 변환하고자 하는 값을 입력하고, 단위 선택 상자에서 입력값의 단위와 출력값의 단위를 선택할 수 있습니다. 변환 버튼을 클릭하면, 선택된 단위에 따라 입력값을 변환하여 결과를 출력합니다.

코드에서는 PyQt5 라이브러리를 이용하여 GUI를 구현하였습니다. QWidget 클래스를 상속받아 윈도우를 구현하였고, QLineEdit, QComboBox, QLabel, QPushButton 클래스를 이용하여 각각 입력 필드, 단위 선택 상자, 결과 출력 레이블, 변환 버튼을 구현하였습니다.

convert() 메서드에서는 사용자로부터 입력값과 단위를 가져와서, 선택된 단위에 따라 변환을 수행하고 결과를 출력합니다. 이번에도 마찬가지로, 만약 변환해야 할 단위가 추가로 필요하다면, 해당 단위의 변환 공식을 코드에 추가하여 사용할 수 있습니다.

실행결과

[▶ Python 파일 실행] 버튼을 클릭하여 코드를 실행합니다.

다음과 같이 단위 변환 GUI 프로그램이 만들어졌습니다. 변환하고자 하는 값을 입력 후 단위를 변환하면 아래 변환된 값이 출력됩니다.

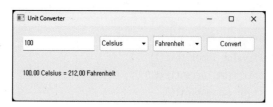

14 실시간 주가 조회 프로그램

프로그램 설명 실시간으로 주식을 조회하는 프로그램을 만들어봅니다.

폴더와 파일 생성하기

[챗GPT로 만드는 파이썬 작품들] 폴더에 [14.실시간 주가 조회 프로그램] 폴더를 생성 후 [main14-1.py], [main14-2.py], [main14-3.py] 파일을 생성합니다.

주식시세 조회하기

파이썬으로 실시간으로 주식을 조회하는 방법을 질문했더니 API사용, 회원가입 등 다양한 방법으로 답변을 하였습니다. 회원가입이 필요 없는 방법인 웹사이트를 크롤링 방법으로 진행하였습니다. 웹사이트를 크롤링하는 방법의 장점으로는 회원가입 없이 사용가능하다는 점이 있지만 단점으로는 웹사이트가 변경되면 찾는 값을 변경해야 한다는 단점이 있습니다. 이번 예제도 답변으로 제공한 크롤링 코드가 동작하지 않아 수동으로 찾는 값을 수정하여 완성하였습니다.

 파이썬으로 실시간 주식조회 프로그램을 만들어줘

 웹사이트에서 데이터를 가져올 때는 requests 라이브러리를 사용합니다.
아래 예제 코드는 네이버 금융에서 삼성전자의 현재 주가를 가져오는 예제입니다.

main14-1.py

```python
import requests
from bs4 import BeautifulSoup

code ='005930'
url = f'https://finance.naver.com/item/main.nhn?code={code}'

res = requests.get(url)
soup = BeautifulSoup(res.content, 'html.parser')
market_cap = soup.select_one('#content > div.section.trade_compare > table > tbody > tr:nth-child(1) > td:nth-child(2)')
print(market_cap.text)
```

네이버 증권의 삼성전자 사이트에 크롬 웹브라우저를 통해 접속합니다.

https://finance.naver.com/item/main.nhn?code=005930

F12를 눌러 개발자모드를 활성화 합니다.

요소선택 버튼을 누른 다음 찾는 요소를 클릭합니다. 찾는 요소는 삼성전자의 현재가 입니다.

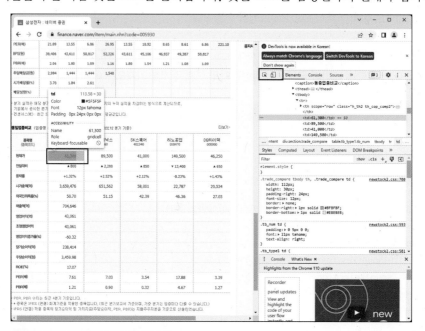

찾은 요소에서 마우스 오른쪽을 클릭 후 [Copoy] -> [Copy selector]를 클릭합니다.

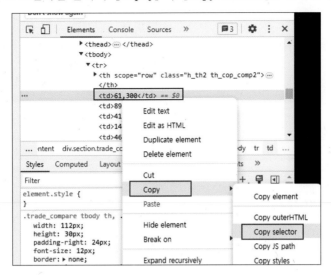

[컨트롤 +V]를 눌러 복사된 Copy selector값을 코드에 붙여넣습니다. 아래 코드의 빨간색 부분이
복사된 부분 입니다.

```
res = requests.get(url)
soup = BeautifulSoup(res.content, 'html.parser')
market_cap = soup.select_one('#content > div.section.trade_compare > table > tbody > tr:nth-child(1)
> td:nth-child(2)')
print(market_cap.text)
```

웹은 자주 변경되기 때문에 웹에서 데이터를 수집하는 것은 다음과 같이 자주 값을 변경해야 합니
다. 챗GPT는 1~2년 전에 수집된 데이터로 웹을 이용한 방식은 위와 같이 세부적으로 변경하여 사
용해야 합니다.

실행결과

[▷ Python 파일 실행] 버튼을 클릭하여 코드를 실행합니다.
삼성전자의 거래금액이 표시되었습니다.

종목번호 입력하여 주식시세 조회하기

네이버 금융사이트에서 끝에 종목번호를 입력하면 다른 주식시세를 조회 할 수 있어 종목번호를 변경하여 값을 가져오는 방법을 추가하였습니다.

 종목번호를 입력하면 주식금액을 출력하는 프로그램을 작성해줘

 종목번호를 입력하면 해당 주식의 현재 주가를 출력하는 프로그램을 작성해드리겠습니다.

```python
import requests
from bs4 import BeautifulSoup

code = input("종목 번호를 입력하세요: ")
url = f'https://finance.naver.com/item/main.nhn?code={code}'

res = requests.get(url)
soup = BeautifulSoup(res.content, 'html.parser')
price = soup.select_one('#content > div.section.trade_compare > table > tbody > tr:nth-child(1) > td:nth-child(2)')
print(f"현재 {code} 주가는 {price.text}입니다.")
```

실행결과

[▷ Python 파일 실행] 버튼을 클릭하여 코드를 실행합니다.
종목번호를 입력후 종목번호의 주식 시세가 출력되었습니다.

```
종목 번호를 입력하세요: 005930
현재 005930 주가는 61,300입니다.
```

종목번호 입력하여 주식시세 조회하는 GUI 프로그램

손쉽게 주식시세를 조회할 수 있도록 GUI 프로그램을 만들었습니다. 보통 간단한 GUI 프로그램을 만들어줘 라고 요청을 하면 tkinter를 사용하여 생성됩니다. tkinter는 파이썬에서 간단하게 사용할 수 있는 GUI 프로그램 입니다. 파이썬 설치 시 기본으로 설치되어 있습니다.

 종목번호를 입력하면 주식금액을 출력하는 간단한 GUI 프로그램을 작성해줘

 종목번호를 입력하면 해당 주식의 현재 주가를 출력하는 간단한 GUI 프로그램을 작성해드리겠습니다. 이를 위해서는 파이썬의 tkinter 라이브러리를 사용할 것입니다.

```python
import requests
from bs4 import BeautifulSoup
import tkinter as tk

def get_stock_price():
    code = code_entry.get()
    url = f'https://finance.naver.com/item/main.nhn?code={code}'

    res = requests.get(url)
    soup = BeautifulSoup(res.content, 'html.parser')
    price = soup.select_one('#content > div.section.trade_compare > table > tbody > tr:nth-child(1)
> td:nth-child(2)')
    result_label.config(text=f"현재 {code} 주가는 {price.text}입니다.")

root = tk.Tk()
root.title("주식 가격 조회 프로그램")

label = tk.Label(root, text="종목 번호를 입력하세요:")
label.pack()

code_entry = tk.Entry(root)
code_entry.pack()

button = tk.Button(root, text="조회", command=get_stock_price)
button.pack()

result_label = tk.Label(root, text="")
result_label.pack()

root.mainloop()
```

위 코드에서는 tkinter를 사용하여 간단한 GUI를 만들었습니다. 사용자는 종목번호를 입력한 후 조회 버튼을 누르면 해당 종목의 현재 주가가 출력됩니다.

종목번호 입력란과 조회 버튼은 pack() 메소드를 이용하여 수직으로 정렬되었으며, 조회 결과는 result_label에 출력됩니다. 조회 결과는 get_stock_price 함수에서 처리하며, 이 함수는 조회 버튼을 누를 때 호출됩니다. 이와 같이 간단한 GUI 프로그램을 작성할 수 있습니다. 필요에 따라 더 많은 기능을 추가하거나 디자인을 개선할 수 있습니다.

실행결과

[▶ Python 파일 실행] 버튼을 클릭하여 코드를 실행합니다.

종목번호를 입력하면 시세를 출력하는 GUI 프로그램을 완성하였습니다.

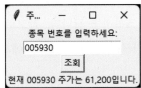

15 알림 프로그램 만들기

프로그램 만들기

프로그램 설명 윈도우의 알림기능을 이용하여 알림을 울리는 프로그램을 만들어봅니다.

폴더와 파일 생성하기

[챗GPT로 만드는 파이썬 작품들] 폴더에 [15.알림 프로그램 만들기] 폴더를 생성 후 [main15-1. py], [main15-2.py] 파일을 생성합니다.

라이브러리 설치하기

윈도우의 알림을 위한 win10toast 라이브러리를 설치합니다.

```
pip install win10toast
```

윈도우의 알림 출력 프로그램

윈도우의 오른쪽 하단에 알림을 출력하는 프로그램을 요청하였습니다.

 윈도우의 알림을 출력하는 프로그램을 만들어줘

 다음과 같이 Python 코드를 작성하여 알림을 출력할 수 있습니다.

main15-1.py

```
from win10toast import ToastNotifier

toaster = ToastNotifier()
toaster.show_toast("제목", "내용")
```

위 코드에서 "제목"과 "내용" 부분을 각각 원하는 메시지로 변경하면 됩니다.

추가적으로, 알림이 표시되는 시간(초) 및 알림의 아이콘을 변경할 수도 있습니다. 자세한 내용은 win10toast 패키지의 공식 문서를 참조하시면 됩니다. 참고로 이 코드 는 Windows 10에서만 동작합니다. 다른 버전의 Windows에서는 다른 방법을 사용해야 합니다.

❝ 작가의 한 마디
위도우11에서도 동작합니다.

실행결과

[▷ Python 파일 실행] 버튼을 클릭하여 코드를 실행합니다.

윈도우의 오른쪽 하단에 다음과 같이 알림이 출력되었습니다.

특정 요일 시간에 알림 발생

알림이 정상적으로 동작하니 특정시간에 알림이 동작하는 프로그램을 요청하였습니다.

 파이썬으로 월요일, 수요일, 금요일 9시50분에 "회의시작 10분전입니다"의 알림을 표시하는 프로그램을 만들어줘

 안녕하세요! 파이썬으로 월요일, 수요일, 금요일 9시50분에 "회의시작 10분전입니다"의 알림을 표시하는 프로그램을 만드는 방법을 안내해 드리겠습니다.

이를 위해서는 datetime 모듈과 win10toast 모듈을 함께 사용해야 합니다. 아래는 코드 예시입니다.

main15-2.py

```python
from datetime import datetime, timedelta
from win10toast import ToastNotifier
import time

toaster = ToastNotifier()

while True:
    now = datetime.now()
    if now.weekday() in [0, 2, 4] and now.hour ==9 and now.minute ==50:
        # 다음 회의 시작 시간 계산
        next_meeting_time = now + timedelta(minutes=10)
        next_meeting_time_str = next_meeting_time.strftime("%Y-%m-%d %H:%M:%S")
        # 알림 표시
        toaster.show_toast("알림", f"{next_meeting_time_str}에 회의가 시작됩니다.", duration=10)
    # 1초마다 반복
    time.sleep(1)
```

위 코드에서는 무한 루프를 사용하여 현재 시간을 체크하고, 월/수/금이고 9시 50분인 경우 "회의시작 10분전입니다"의 알림을 표시합니다. 알림은 10초간 표시됩니다.

이 예제 코드는 실행 중지를 위해 강제 종료하거나 Ctrl+C를 눌러야 합니다. 필요에 따라서 실행을 멈출 조건을 추가하거나 예외 처리 코드를 추가하여 개선할 수 있습니다.

실행결과

[▷ Python 파일 실행] 버튼을 클릭하여 코드를 실행합니다.

월요일, 수요일, 금요일 오전 9시 50분에 회의 시작 10분전임을 알리는 알림이 출력됩니다.

16 맞춤법 검사기

프로그램 설명 한글 띄어쓰기 및 맞춤법을 자동으로 교정하는 프로그램을 만들어봅니다.

폴더와 파일 생성하기

[챗GPT로 만드는 파이썬 작품들] 폴더에 [16.맞춤법 검사기] 폴더를 생성 후 [main16-1.py], [main16-2.py] 파일을 생성합니다.

라이브러리 설치하기

아래 사이트에 접속하여 git을 다운로드 및 설치를 진행합니다.

· https://git-scm.com/download/win

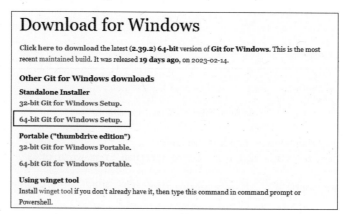

한글 띄어쓰기 관련 라이브러리를 설치합니다. 아래의 명령어를 터미널에 입력하여 설치합니다.

```
pip install git+https://github.com/haven-jeon/PyKoSpacing.git
```

한글 맞춤법 라이브러리를 설치합니다. 아래의 명령어를 터미널에 입력하여 설치합니다.

```
pip install git+https://github.com/ssut/py-hanspell.git
```

띄어쓰기 및 맞춤법 보정하기

한글의 맞춤법을 검사하는 프로그램을 요청하였습니다. 결과적으로 띄어쓰기를 검사하고 맞춤법을 검사합니다. 띄어쓰기 영역과 맞춤법은 서로 다른 라이브러리를 이용하여 동작하였습니다.

 파이썬으로 맞춤법을 검사하는 프로그램을 만들어줘

 네, 파이썬을 사용하여 맞춤법 검사기를 만들 수 있습니다.
Python에서는 PyKoSpacing, hanspell 등의 라이브러리를 사용하여 한글 문장의 띄어쓰기와 맞춤법을 검사할 수 있습니다. 아래는 PyKoSpacing을 사용하여 맞춤법 검사를 수행하는 예제 코드입니다.

main16-1.py

```python
from hanspell import spell_checker
from pykospacing import Spacing

# 맞춤법 검사를 수행하는 함수를 정의합니다.
def correct_spelling(text):
    # PyKoSpacing 라이브러리를 사용하여 띄어쓰기를 보정합니다.
    spacing = Spacing()
    text = spacing(text)

    # hanspell 라이브러리를 사용하여 맞춤법을 교정합니다.
    spelled_sent = spell_checker.check(text)

    # 교정된 문장을 반환합니다.
    corrected_sent = spelled_sent.checked
    return corrected_sent

# 맞춤법 검사를 수행할 문장을 입력합니다.
sentence = input('문장을 입력하세요: ')
checked_sentence = correct_spelling(sentence)
print('검사 결과:', checked_sentence)
```

위 코드는 PyKoSpacing 라이브러리를 설치하고, 사용자로부터 입력받은 문장을 맞춤법 검사하는 함수 spell_check를 정의하고, 이를 실행하는 예제 코드입니다. spell_check 함수에서는 PyKoSpacing 라이브러리를 사용하여 입력받은 문장의 띄어쓰기를 보정하고, 자체적으로 맞춤법 검사를 수행합니다. 검사 결과는 검사된 문장으로 출력됩니다.

이 외에도 openpyxl, pandas 등의 라이브러리를 사용하여 엑셀 파일이나 CSV 파일 등에서 대량의 데이터를 맞춤법 검사하는 프로그램을 만들 수도 있습니다.

실행결과

[▷ Python 파일 실행] 버튼을 클릭하여 코드를 실행합니다.

틀린 맞춤법의 문장을 입력하여 보정하여 출력합니다. 맞춤법 및 띄어쓰기를 보정해줍니다.

파일에서 읽어 맞춤법 보정하기

틀린맞춤법이 적혀있는 파일에서 읽어와 띄어쓰기와 맞춤법을 보정하고 다시 저장하는 코드를 요청합니다.

[틀린맞춤법.txt] 파일을 생성합니다.

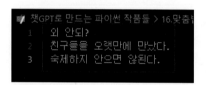

틀린 맞춤법을 입력합니다.

 16.맞춤법 검사기₩틀린맞춤법.txt 파일을 읽어 맞춤법을 보정한 다음 16.맞춤법 검사기₩수정맞춤법.txt 파일로 저장하는 프로그램을 만들어줘

아래는 PyKoSpacing과 hanspell 라이브러리를 사용하여 맞춤법을 검사하고, 틀린맞춤법.txt 파일을 읽어 맞춤법을 보정한 뒤 수정맞춤법.txt 파일에 저장하는 예제 코드입니다.

main16-2.py

```python
from hanspell import spell_checker
from pykospacing import Spacing

# 맞춤법 검사를 수행할 파일 경로를 지정합니다.
input_path ="16.맞춤법 검사기\틀린맞춤법.txt"

# 수정된 맞춤법을 저장할 파일 경로를 지정합니다.
output_path ="16.맞춤법 검사기\수정맞춤법.txt"

# 맞춤법 검사를 수행하는 함수를 정의합니다.
def correct_spelling(text):
    # PyKoSpacing 라이브러리를 사용하여 띄어쓰기를 보정합니다.
```

```
    spacing = Spacing()
    text = spacing(text)

    # hanspell 라이브러리를 사용하여 맞춤법을 교정합니다.
    spelled_sent = spell_checker.check(text)

    # 교정된 문장을 반환합니다.
    corrected_sent = spelled_sent.checked
    return corrected_sent

# 입력 파일을 읽어서 맞춤법을 보정한 뒤 출력 파일에 저장합니다.
with open(input_path, "r", encoding="utf-8") as f:
    text = f.read()
    corrected_text = correct_spelling(text)

with open(output_path, "w", encoding="utf-8") as f:
    f.write(corrected_text)

print(f"맞춤법 검사가 완료되었습니다. 수정된 파일은 {output_path}에 저장되었습니다.")
```

위 코드에서는 hanspell 라이브러리를 사용하여 맞춤법 검사를 수행하고, PyKoSpacing 라이브러리를 사용하여 띄어쓰기를 보정합니다. correct_spelling 함수에서는 입력받은 텍스트를 띄어쓰기를 보정한 후, hanspell 라이브러리를 사용하여 맞춤법을 교정한 결과를 반환합니다.

입력 파일을 읽어서 correct_spelling 함수로 보내서 맞춤법을 보정한 뒤, 출력 파일에 저장합니다. 저장할 파일은 open 함수를 사용하여 새로 생성하며, 인코딩은 utf-8로 설정합니다.

실행결과

[▷ Python 파일 실행] 버튼을 클릭하여 코드를 실행합니다.

[수정맞춤법.txt] 파일이 생성되었습니다.

맞춤법이 수정되어 저장되었습니다.

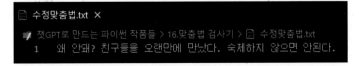

17 날씨 예보 프로그램

프로그램 설명 | 날씨를 알려주는 프로그램을 만들어봅니다.

폴더와 파일 생성하기

[챗GPT로 만드는 파이썬 작품들] 폴더에 [17.날씨 예보 프로그램] 폴더를 생성 후 [main17-1.py], [main17-2.py] 파일을 생성합니다.

라이브러리 설치하기

엑셀을 사용하기 위한 oenpyxl 라이브러리를 설치합니다.

```
pip install openpyxl
```

API 발급받기

OpenWeatherMap 사이트에 접속하여 회원가입 후 [My API Keys]로 이동합니다.

- https://openweathermap.org/

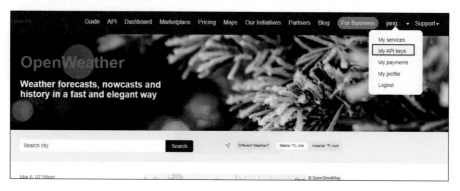

Key에서 API Key를 복사합니다. 회원가입 후 30분~1시간 정도 후 API 키를 사용가능합니다.

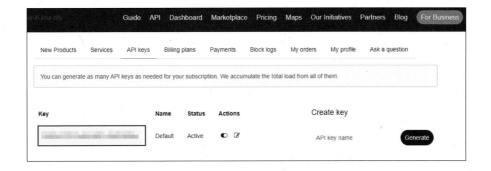

혹시 API가 계속 동작하지 않는다면 API 탭으로가 Current Weather Data에서 [Subcribe]를 눌러 구독합니다.

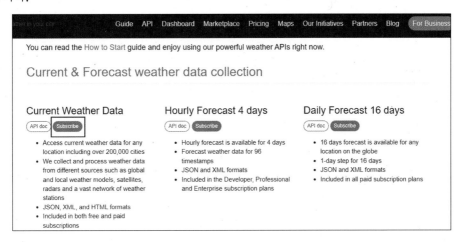

날씨 정보 받아오기

날씨 정보는 API없이 손쉽게 예보를 받기 어렵기 때문에 부득이하게 API를 발급받고 진행하였습니다. 날씨 정보를 출력하는 프로그램을 요청합니다.

 파이썬으로 날씨 예보 프로그램을 만들어줘

 OpenWeatherMap에서 API 키를 발급받아야 합니다. API 키를 발급받으려면 OpenWeatherMap 웹사이트에 가입하고 API 요청을 하면 됩니다.
API 키를 받았다면, 아래와 같이 코드를 작성해보세요.

---

main17-1.py

```python
import requests
import json

api_key ='58659c9f71f5c4b54841fc18d52d990a' # 여기에 발급받은 API 키를 입력하세요.
city_name ='seoul'
```

```
# API 호출
url = f'https://api.openweathermap.org/data/2.5/weather?q={city_name}&appid={api_key}&units=metric'
response = requests.get(url)

# JSON 데이터 파싱
data = json.loads(response.text)

# 날씨 정보 출력
print(f'{city_name}의 날씨: {data["weather"][0]["description"]}')
print(f'현재 온도: {data["main"]["temp"]}°C')
print(f'체감 온도: {data["main"]["feels_like"]}°C')
```

위 코드에서는 사용자로부터 도시 이름을 입력받은 후, API를 호출하여 해당 도시의 날씨 정보를 가져옵니다. 이후, JSON 데이터를 파싱하여 날씨 정보를 출력합니다. 코드에서는 현재 날씨, 온도, 체감 온도를 출력하도록 작성되어 있습니다.

이렇게 작성한 코드를 실행하면, 사용자가 입력한 도시의 날씨 정보가 출력됩니다.

참고로 OpenWeatherMap API에서는 무료로 사용 가능한 요청 수가 제한되어 있습니다. 따라서 자주 API를 호출하는 경우 요청 수가 초과될 수 있으니 주의하시기 바랍니다.

실행결과

[▷ Python 파일 실행] 버튼을 클릭하여 코드를 실행합니다.
서울의 현재 날씨 정보를 출력하였습니다.

```
seoul의 날씨: clear sky
현재 온도: 10.03°C
체감 온도: 8.16°C
```

날씨 정보를 엑셀에 저장하기

요청해서 받은 날씨 정보를 엑셀에 저장하는 코드를 요청합니다. 엑셀에 값을 저장하는 주기인 30분 간격으로 저장이 되도록 구체적으로 요청하였습니다.

 획득한 날씨를 날씨저장.xlsx 의 엑셀 파일로 날짜와 시간과 함께 30분 간격으로 저장하는 프로그램을 작성해줘

 엑셀 파일을 만들고 데이터를 저장하는 코드를 작성해보겠습니다.

```
main17-2.py

import requests
import json
import datetime
import openpyxl
import time

api_key ='58659c9f71f5c4b54841fc18d52d990a' # 여기에 발급받은 API 키를 입력하세요.
city_name ='seoul'

# 엑셀 파일 생성
wb = openpyxl.Workbook()
ws = wb.active
ws.append(['Date', 'Time', 'Weather', 'Temperature', 'Feels Like'])
while True:
    # API 호출
    url = f'https://api.openweathermap.org/data/2.5/weather?q={city_name}&appid={api_key}&units=metric'
    response = requests.get(url)

    # JSON 데이터 파싱
    data = json.loads(response.text)

    # 날씨 정보 저장
    current_time = datetime.datetime.now().strftime('%Y-%m-%d %H:%M:%S')
    weather = data['weather'][0]['description']
    temp = data['main']['temp']
    feels_like = data['main']['feels_like']

    # 엑셀 파일에 데이터 추가
    ws.append([current_time.split()[0], current_time.split()[1], weather, temp, feels_like])
    wb.save(r'17.날씨 예보 프로그램\날씨저장.xlsx')

    # 30분 대기
    time.sleep(1800)
```

위 코드에서는 먼저, 엑셀 파일을 생성하고 첫 번째 시트를 활성화합니다. 그리고 열 이름을 추가하기 위해 append() 함수를 사용합니다.

무한 루프를 실행하여, 30분마다 API를 호출하고, JSON 데이터를 파싱하여 필요한 정보를 저장합니다. 그리고 엑셀 파일에 데이터를 추가하고, 파일을 저장합니다. 마지막으로, 30분을 대기하는 time.sleep() 함수를 사용하여 프로그램이 계속 실행되도록 합니다.

이렇게 작성한 코드를 실행하면, 날씨저장.xlsx 파일이 생성되고, 날씨 정보가 30분 간격으로 엑셀 파일에 저장됩니다.

실행결과

[▷ Python 파일 실행] 버튼을 클릭하여 코드를 실행합니다.

[17.날씨 예보 프로그램] 폴더에 [날씨저장.xlsx] 파일이 생성되었습니다.

[날씨저장.xlsx] 파일을 열어 확인해보면 날짜, 시간, 날씨상태, 온도, 체감온도가 저장되었습니다.

	A	B	C	D	E
1	Date	Time	Weather	Temperatu	Feels Like
2	2023-03-06	20:06:51	scattered clouds	8.66	7.87

18 음악 재생 프로그램

프로그램 설명 음악파일을 재생하는 프로그램을 만들어봅니다.

폴더와 파일 생성하기

[챗GPT로 만드는 파이썬 작품들] 폴더에 [18.음악 재생 프로그램] 폴더를 생성 후 [main18-1.py], [main18-2.py], [main18-3.py] 파일을 생성합니다.

라이브러리 설치하기

음악을 재생하는 라이브러리인 pygame을 설치해야 합니다. pygame은 파이썬으로 게임을 만드는 데 유용한 라이브러리이며, 여기서는 음악 재생 기능만 사용합니다. 다음 명령어를 이용하여 pygame을 설치해주세요.

```
pip install pygame
```

텍스트를 이용하여 mp3 파일을 만드는 gtts 라이브러리를 설치합니다. 다음과 같이 gTTS를 설치해주세요.

```
pip install gtts
```

텍스트를 mp3 파일로 만들기

음악을 재생하기 위한 파일인 mp3 형식을 자주 사용하니 mp3 파일을 생성합니다. 글자를 입력하면 음성으로 변환하여 mp3 파일로 저장하는 gtts 라이브러리를 사용하도록 요청하였습니다. 챗GPT로 코드를 만들다보니 코드를 어떻게 만드는가 보다는 어떤 라이브러리가 있고 어떤 기능을 수월하게 만들 수 있는지를 아는 방법이 중요한거 같습니다. 많이 알고 많은 정보를 가지고 질문하면 원하는 답변을 얻을 수 있는 확률이 올라갑니다.

파이썬으로 "1번 안녕하세요", "2번 반갑습니다", "3번 오늘은 날씨가 좋네요"를 음성으로 출력하는 mp3 파일을 만들어줘. gtts를 사용해줘

 다음과 같이 코드를 작성합니다.

main18-1.py

```python
from gtts import gTTS

# 각 문장을 리스트에 저장
sentences = ["안녕하세요", "반갑습니다", "오늘은 날씨가 좋네요"]

# 문장별로 mp3 파일 생성
for i, sentence in enumerate(sentences):
    tts = gTTS(text=sentence, lang='ko')
    filename =str(i+1) +"번 "+ sentence +".mp3"
    tts.save('18.음악 재생 프로그램\\'+ filename)
```

위 코드에서 sentences 리스트에는 음성으로 출력할 문장들을 저장합니다. 그리고 각 문장마다 gTTS를 이용하여 mp3 파일을 생성합니다. 파일명은 "1번 안녕하세요.mp3", "2번 반갑습니다.mp3", "3번 오늘은 날씨가 좋네요.mp3"와 같이 문장의 번호와 문장 내용을 결합하여 생성합니다.

위 코드를 실행하면, 현재 디렉토리에 각 문장별로 mp3 파일이 생성됩니다. 이제 여러분은 파이썬으로 음성으로 된 mp3 파일을 만들 수 있습니다.

실행결과

[▶ Python 파일 실행] 버튼을 클릭하여 코드를 실행합니다.
"1번 안녕하세요", "2번 반갑습니다", "3번 오늘은 날씨가 좋네요" 의 mp3 파일이 생성되었습니다.

mp3를 파이썬으로 재생하기

생성된 mp3 파일을 재생하는 재생프로그램의 코드를 요청하였습니다. 음악파일의 경로는 챗GPT가 코드를 완성한 후 따로 경로 설정을 하였습니다.

파이썬으로 음악을 재생하는 프로그램을 만들어줘

 다음과 같이 코드를 작성해보겠습니다.

main18-2.py

```python
import pygame

# 음악 파일 경로 설정
file = r'18.음악 재생 프로그램\1번 안녕하세요.mp3'

# 초기화
pygame.init()

# 음악 파일 로드
pygame.mixer.music.load(file)

# 재생
pygame.mixer.music.play()

# 재생이 끝날 때까지 대기
while pygame.mixer.music.get_busy():
    continue

# 종료
pygame.quit()
```

위 코드에서 file 변수에는 재생하려는 음악 파일의 경로를 설정해야 합니다. 음악 파일 경로를 설정한 후 코드를 실행하면 음악이 재생됩니다. 이후 음악이 끝날 때까지 대기하고, pygame.quit()을 이용하여 pygame 라이브러리를 종료합니다.

실행결과

[▷ Python 파일 실행] 버튼을 클릭하여 코드를 실행합니다.
안녕하세요의 음성이 스피커를 통해 출력되었습니다.

음악을 재생하는 GUI 프로그램 만들기

손쉽게 음악을 재생할 수 있도록 위의 프로그램을 GUI로 만들어 달라고 요청하였습니다.

 파이썬으로 음악을 재생하는 GUI 프로그램을 만들어줘

 다음은 GUI 프로그램을 만드는 코드입니다.

---

main18-3.py

```python
import tkinter as tk
from tkinter import filedialog
import pygame
import os
class MusicPlayer:
    def __init__(self, root):
        self.root = root
        self.root.title("Music Player")
        self.root.geometry("300x200")

        # 음악 파일 경로
        self.file =None
        # 초기화
        pygame.init()

        # UI 구성
        self.label = tk.Label(self.root, text="Music Player")
        self.label.pack(pady=10)
        self.file_button = tk.Button(self.root, text="Choose File", command=self.choose_file)
        self.file_button.pack(pady=5)
        self.play_button = tk.Button(self.root, text="Play", command=self.play_music, state="disabled")
        self.play_button.pack(pady=5)
        self.pause_button = tk.Button(self.root, text="Pause", command=self.pause_music, state="-
disabled")
        self.pause_button.pack(pady=5)
        self.stop_button = tk.Button(self.root, text="Stop", command=self.stop_music, state="disabled")
        self.stop_button.pack(pady=5)

    def choose_file(self):
        # 파일 대화상자 열기
        self.file = filedialog.askopenfilename(initialdir=os.getcwd(), title="Select File", file-
types=[("Audio Files", "*.mp3;*.wav")])

        # 파일 선택 후 버튼 활성화
        if self.file:
```

```
                self.play_button.config(state="normal")
                self.pause_button.config(state="normal")
                self.stop_button.config(state=" normal")
        def play_music(self):
            # 음악 파일 로드
            pygame.mixer.music.load(self.file)

            # 재생
            pygame.mixer.music.play()
        def pause_music(self):

            # 일시정지
            pygame.mixer.music.pause()
        def stop_music(self):

            # 정지
                pygame.mixer.music.stop()

if __name__ =='__main__':
    root = tk.Tk()
    app = MusicPlayer(root)
    root.mainloop()

    # 종료
    pygame.quit()
```

위 코드에서 file 변수에는 재생하려는 음악 파일의 경로를 설정해야 합니다. 음악 파일 경로를 설정한 후 코드를 실행하면, 음악 재생 기능이 있는 GUI 프로그램이 실행됩니다.

프로그램에서는 tkinter 라이브러리를 이용하여 GUI를 구성하였습니다. play_music, pause_music, stop_music 함수에서는 각각 음악을 재생, 일시정지, 정지하는 기능을 구현하였습니다. 이제 여러분은 파이썬으로 음악 재생 기능이 있는 GUI 프로그램을 만들 수 있습니다!

실행결과

[▷ Python 파일 실행] 버튼을 클릭하여 코드를 실행합니다.

MP3 파일을 선택하여 재생, 멈춤, 정지 기능을 하는 GUI 프로그램을 완성하였습니다.

19 패스워드 생성기

프로그램 설명 무작위의 패스워드를 생성하는 프로그램을 만들어봅니다.

폴더와 파일 생성하기

[챗GPT로 만드는 파이썬 작품들] 폴더에 [19.패스워드 생성기 폴더를 생성 후 [main19-1.py], [main19-2.py] 파일을 생성합니다.

패스워드 생성하기

무작위의 패스워드를 생성하는 프로그램을 요청하였습니다. 패스워드의 형식을 직접 입력하여도 괜찮습니다. 패스워드는 보통 영소문자, 영대문자, 숫자. 특수문자로 이루어져 있습니다. 원하는 형식에 따라서 생성하고 싶은 값을 입력하거나 생성하고 싶지 않을 값을 요청하여 질문하여도 됩니다.

 파이썬으로 패스워드를 생성하는 프로그램을 만들어줘

 아래는 랜덤한 패스워드를 생성하는 코드입니다. 이 코드는 문자, 숫자, 특수문자를 모두 포함한 길이 12의 패스워드를 생성합니다.

main19-1.py

```python
import random
import string

def generate_password():
    # 문자, 숫자, 특수문자를 모두 포함한 길이 12의 패스워드 생성
    characters = string.ascii_letters + string.digits + string.punctuation
    password =''.join(random.choice(characters) for i in range(12))
    return password

# 패스워드 생성 함수 호출
password = generate_password()
print("생성된 패스워드: ", password)
```

위 코드에서 string.ascii_letters는 알파벳 대소문자, string.digits는 0부터 9까지의 숫자, string. punctuation은 !, @, # 등의 특수문자를 포함하는 문자열을 의미합니다. random.choice 함수를 사용하여 이 문자열에서 랜덤하게 한 글자씩 선택하여 12글자의 패스워드를 생성하게 됩니다.

실행결과

[▷ Python 파일 실행] 버튼을 클릭하여 코드를 실행합니다.
12자리의 무작위 패스워드가 생성되었습니다.

```
생성된 패스워드:  Vr;q]Qq=Pa#&
```

패스워드 생성기 GUI 프로그램 만들기

패스워드 생성기를 손쉽게 사용할 수 있도록 GUI 프로그램을 요청하였습니다. 몇 가지 조건을 추가하여 원하는 프로그램이 생성될 수 있도록 구체적으로 질문을 하였습니다.

 파이썬으로 패스워드를 생성하는 GUI 프로그램을 만들어줘. 몇 가지 조건이 있어. 1. 패스워드의 길이를 설정할 수 있어야해 2. 포함하는 특수문자를 입력할 수 있어야해 3. 생성된 패스워드는 바로보여줘 4. GUI의 크기는 가로 300 세로 200픽셀로 해줘

 네, 요구사항에 맞추어 PyQt5를 이용한 GUI 프로그램을 만들어드리겠습니다.
아래는 패스워드 생성기 GUI 프로그램 코드입니다.

main19-2.py

```python
import random
import string
import sys
from PyQt5.QtWidgets import QApplication, QWidget, QLabel, QLineEdit, QCheckBox, QPushButton, QV-
BoxLayout

class PasswordGenerator(QWidget):
    def __init__(self):
        super().__init__()

        # 기본값 설정
        self.password_length =12
        self.include_uppercase =True
        self.include_lowercase =True
        self.include_numbers =True
        self.include_special_characters =True

        # UI 구성
        self.title_label = QLabel("패스워드 생성기")
```

```python
        self.password_label = QLabel"생성된 패스워드: ")
        self.password_textbox = QLineEdit()
        self.length_label = QLabel("패스워드 길이: ")
        self.length_textbox = QLineEdit(str(self.password_length))
        self.uppercase_checkbox = QCheckBox("대문자 포함")
        self.uppercase_checkbox.setChecked(self.include_uppercase)
        self.lowercase_checkbox = QCheckBox("소문자 포함")
        self.lowercase_checkbox.setChecked(self.include_lowercase)
        self.numbers_checkbox = QCheckBox("숫자 포함")
        self.numbers_checkbox.setChecked(self.include_numbers)
        self.special_checkbox = QCheckBox("특수문자 포함")
        self.special_checkbox.setChecked(self.include_special_characters)
        self.generate_button = QPushButton("패스워드 생성")

        # UI 레이아웃 설정
        vbox = QVBoxLayout()
        vbox.addWidget(self.title_label)
        vbox.addWidget(self.password_label)
        vbox.addWidget(self.password_textbox)
        vbox.addWidget(self.length_label)
        vbox.addWidget(self.length_textbox)
        vbox.addWidget(self.uppercase_checkbox)
        vbox.addWidget(self.lowercase_checkbox)
        vbox.addWidget(self.numbers_checkbox)
        vbox.addWidget(self.special_checkbox)
        vbox.addWidget(self.generate_button)
        self.setLayout(vbox)

        # 이벤트 처리 함수 등록
        self.generate_button.clicked.connect(self.generate_password)
        self.length_textbox.textChanged.connect(self.update_length)
        self.uppercase_checkbox.stateChanged.connect(self.update_uppercase)
        self.lowercase_checkbox.stateChanged.connect(self.update_lowercase)
        self.numbers_checkbox.stateChanged.connect(self.update_numbers)
        self.special_checkbox.stateChanged.connect(self.update_special)
        # 초기 패스워드 생성
        self.generate_password()

        # 윈도우 설정
        self.setGeometry(100, 100, 300, 200)
        self.setWindowTitle("패스워드 생성기")
        self.show()

def generate_password(self):
    # 사용자 설정에 따른 패스워드 생성
    characters =''
```

```python
            if self.include_uppercase:
                characters += string.ascii_uppercase
            if self.include_lowercase:
                characters += string.ascii_lowercase
            if self.include_numbers:
                characters += string.digits
            if self.include_special_characters:
                characters += string.punctuation
                password =''.join(random.choice(characters) for i in range(self.password_length))
                self.password_textbox.setText(password)

    def update_length(self, text):
        # 패스워드 길이 변경
        try:
            self.password_length =int(text)
            self.generate_password()
        except ValueError:
            pass

    def update_uppercase(self, state):
        # 대문자 포함 여부 변경
        self.include_uppercase = bool(state)
        self.generate_password()

    def update_lowercase(self, state):
        # 소문자 포함 여부 변경
        self.include_lowercase = bool(state)
        self.generate_password()

    def update_numbers(self, state):
        # 숫자 포함 여부 변경
        self.include_numbers = bool(state)
        self.generate_password()

    def update_special(self, state):
        # 특수문자 포함 여부 변경
        self.include_special_characters = bool(state)
        self.generate_password()

if __name__ =='__main__':
    app = QApplication(sys.argv)
    window = PasswordGenerator()
    sys.exit(app.exec_())
```

파이썬으로 패스워드를 생성하는 GUI 프로그램을 만들어줘. 몇 가지 조건이 있어. 1. 패스워드의 길이를 설정할 수 있어야해 2. 포함하는 특수문자를 입력할 수 있어야해 3. 생성된 패스워드는 바로보여기서 QApplication, QWidget, QLabel, QLineEdit, QCheckBox, QPushButton, QVBoxLayout 클래스들은 PyQt5에서 제공하는 위젯과 레이아웃 클래스입니다. super().__init__() 메서드는 QWidget 클래스의 생성자를 호출하여 기본 설정을 초기화합니다.

각 위젯들의 위치와 크기는 QVBoxLayout 클래스를 이용하여 레이아웃으로 구성하였습니다. clicked이벤트나 stateChanged이벤트와 연결된 메서드는 클릭 또는 상태 변경 이벤트가 발생할 때마다 호출되며, 각각 패스워드 생성, 패스워드 길이/포함 여부 변경 메서드를 호출합니다.

마지막으로 if __name__ == '__main__':문은 이 코드를 직접 실행할 때만 QApplication객체와 PasswordGenerator객체를 생성하도록 합니다. sys.exit(app.exec_()) 메서드는 프로그램을 종료합니다.

실행결과

[▷ Python 파일 실행] 버튼을 클릭하여 코드를 실행합니다.

다음고 같이 패스워드 생성기 프로그램이 완성되었습니다.

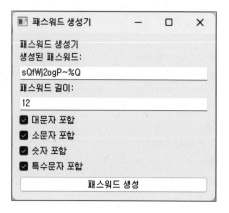

프로그램 만들기 **20 오늘의 명언 프로그램**

프로그램 설명	명언을 무작위로 띄워주는 프로그램을 만들어봅니다.

폴더와 파일 생성하기

[챗GPT로 만드는 파이썬 작품들] 폴더에 [20.오늘의 명언 프로그램] 폴더를 생성 후 [main20-1.py], [main20-2.py] 파일을 생성합니다.

라이브러리 설치하기

윈도우의 알림을 표시하는 win10toast 라이브러리를 설치합니다.

```
pip install win10toast
```

명언 출력하기

명언을 출력하는 프로그램을 요청하였습니다. 명언 자체도 챗GPT가 알고 있는 내용으로 리스트로 생성하였습니다.

 파이썬으로 명언을 출력하는 프로그램을 만들어줘

 안녕하세요! 파이썬으로 명언을 알림으로 알려주는 프로그램을 만들어드리겠습니다.

main20-1.py

```python
import random
import time

# 명언 리스트 생성
sayings = [
    "노력하는 것만이 성공으로 이끄는 길이다. - 니키 라우드",
    "삶이 있는 한 희망은 있다. - 키케로",
    "오늘을 낭비하지 마라. 어제의 후회와 내일의 불안에 가로막혀 오늘을 놓치고 있다. - 에머슨",
    "문제점을 찾지 말고 해결책을 찾으라. - 헨리포드",
```

```
    "사람은 자신이 믿는 대로 된다. - 괴테",
    "지식은 인생을 바꾼다. - 윌리엄 제임스",
    "지금까지 당신이 살아온 모든 날들의 합이 오늘이라면, 오늘하루를 잘 살아야 합니다. - 괴테",
    "한 번의 실패와 영원한 실패를 혼동하지 마라. - F.스콧 핏제랄드",
    "당신이 할 수 있다고 믿든 할 수 없다고 믿든 믿는 대로 될 것이다. - 헨리 포드",
    "성공한 사람을 보면 마치 그들이 실패한 적이 없는 것처럼 보이지만, 많은 실패들을 겪고 다시 일어
난 것이다. - 월트 디즈니",
]

# 무작위로 명언 선택하여 출력
saying = random.choice(sayings)
print(saying)

# 10초 뒤에 자동으로 프로그램 종료
time.sleep(10)
```

이 프로그램은 sayings 리스트에서 무작위로 한 개의 명언을 선택하여 출력합니다. 그리고 10초 뒤에 자동으로 프로그램이 종료됩니다. 만약 출력된 명언을 더 오래 보고 싶다면 time.sleep(10)을 원하는 시간으로 변경하시면 됩니다.

실행결과

[▷ Python 파일 실행] 버튼을 클릭하여 코드를 실행합니다.
명언이 랜덤하게 출력됩니다.

당신이 할 수 있다고 믿든 할 수 없다고 믿든 믿는 대로 될 것이다. - 헨리 포드

명언을 윈도우의 알림으로 출력하기

윈도우의 알림기능과 합쳐 동작할 수 있도록 명언을 1시간마다 알림으로 보여주는 프로그램을 요청하였습니다. 여기서 더 다양한 명언이 뭐가 있는지 질문을 하고 그 명언을 리스트에 추가하면 더욱더 풍성한 프로그램을 완성 할 수 있습니다.

 명언을 무작위로 1시간마다 윈도우의 알림으로 보여주는 프로그램을 만들어줘

 안녕하세요! 파이썬으로 무작위로 1시간마다 윈도우의 알림으로 명언을 보여주는 프로그램을 만들어드리겠습니다.
이를 위해서는 win10toast 라이브러리를 사용해야 합니다. 만약 이 라이브러리가 설치되어 있지 않다면, 먼저 pip install win10toast명령어를 사용하여 설치해주시기 바랍니다.

```python
import random
import time
from win10toast import ToastNotifier

# 윈도우 토스트 알림 객체 생성
toaster = ToastNotifier()

# 명언 리스트 생성
sayings = [
    "노력하는 것만이 성공으로 이끄는 길이다. - 니키 라우드",
    "삶이 있는 한 희망은 있다. - 키케로",
    "오늘을 낭비하지 마라. 어제의 후회와 내일의 불안에 가로막혀 오늘을 놓치고 있다. - 에머슨",
    "문제점을 찾지 말고 해결책을 찾으라. - 헨리포드",
    "사람은 자신이 믿는 대로 된다. - 괴테",
    "지식은 인생을 바꾼다. - 윌리엄 제임스",
    "지금까지 당신이 살아온 모든 날들의 합이 오늘이라면, 오늘하루를 잘 살아야 합니다. - 괴테",
    "한 번의 실패와 영원한 실패를 혼동하지 마라. - F.스콧 핏제랄드",
    "당신이 할 수 있다고 믿든 할 수 없다고 믿든 믿는 대로 될 것이다. - 헨리 포드",
    "성공한 사람을 보면 마치 그들이 실패한 적이 없는 것처럼 보이지만, 많은 실패들을 겪고 다시 일어
난 것이다. - 왈트 디즈니",
]

while True:
    # 무작위로 명언 선택
    saying = random.choice(sayings)

    # 윈도우 토스트 알림으로 명언 보여주기
    toaster.show_toast(
        "명언 알림",
        saying,
        duration=10,
        threaded=True
    )

    # 1시간 대기
    time.sleep(60 *60)
```

이 프로그램은 sayings 리스트에서 무작위로 한 개의 명언을 선택하고, 윈도우 토스트 알림으로 보여줍니다. 그리고 1시간 동안 대기한 후 다시 명언을 선택하여 알림을 보여주는 작업을 무한반복 합니다.

실행결과

[▷ Python 파일 실행] 버튼을 클릭하여 코드를 실행합니다.

면언을 무작위로 선정하여 1시간에 한 번씩 윈도우의 알림으로 출력합니다.

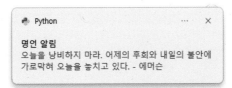

21 인터넷 라디오 스트리밍 프로그램

프로그램 설명 인터넷 라디오를 스트리밍하여 출력하는 프로그램을 만들어봅니다.

폴더와 파일 생성하기

[챗GPT로 만드는 파이썬 작품들] 폴더에 [21.인터넷 라디오 스트리밍 프로그램] 폴더를 생성 후
[main21-1.py], [main22-2.py] 파일을 생성합니다.

라이브러리 설치하기

윈도우에서 스트리밍을 사용하기 위해서는 VLC 프로그램 설치와 파이썬 라이브러리 설치하기 2가
지를 진행해야 합니다.

아래 VLC 사이트에 접속하여 VLC 프로그램을 다운로드 받아 PC에 설치합니다. VLC 프로그램은
미디어 플레이어 프로그램 입니다.

• https://www.videolan.org/vlc/

다음의 명령어를 터미널에 입력하여 VLC 라이브러리를 설치합니다.

```
pip install python-vlc
```

라디오 스트리밍 주소 찾기

라디오 스트리밍 주소는 구글에서 라디오 스트리밍 주소를 검색하면 손쉽게 찾을 수 있습니다.

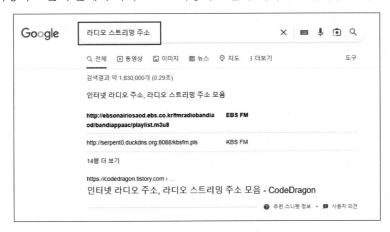

파이썬으로 라디오 스트리밍

위에서 검색을 통한 라디오스트리밍 주소를 질문으로 입력하여 재생하는 프로그램을 만들었습니다. 챗GPT에게 라디오스트리밍 주소를 물어도 되나 챗GPT는 링크를 알려주는 기능은 학습된 시점이 1~2년이 지나 정확하지 않은 링크를 알려주는 경우가 많아 직접 링크를 입력하였습니다.

 파이썬으로 http://ebsonairiosaod.ebs.co.kr/fmradiobandiaod/bandiappaac/playlist.m3u8 에서 라디오를 출력하는 프로그램을 만들어줘

 다음은 파이썬에서 HTTP Live Streaming(HLS)을 이용하여 EBS 라디오를 출력하는 예제 코드입니다. 이 코드를 실행하면 EBS 라디오가 재생됩니다.

---

main21-1.py

```python
import vlc

# 미디어 재생을 위한 인스턴스 생성
player = vlc.Instance('--no-xlib')

# 재생할 미디어의 URL
url ='http://ebsonairiosaod.ebs.co.kr/fmradiobandiaod/bandiappaac/playlist.m3u8'

# 미디어 플레이어 생성
media_player = player.media_player_new()

# 미디어 재생을 위한 미디어 생성
media = player.media_new(url)

# 미디어 플레이어에 미디어 설정
media_player.set_media(media)
```

```
# 미디어 재생
media_player.play()

# 재생이 종료될 때까지 대기
while True:
    pass
```

다만, 이 코드는 무한 루프로 인해 프로그램이 끝나지 않습니다. 재생을 멈추고 프로그램을 종료하려면 Ctrl+C를 눌러 강제 종료하거나, while문을 수정하여 종료 조건을 추가해주면 됩니다.

실행결과

[▷ Python 파일 실행] 버튼을 클릭하여 코드를 실행합니다.
파이썬 코드를 실행하면 라디오를 스트리밍하여 출력됩니다.

파이썬으로 라디오 스트리밍 GUI 프로그램 만들기

검색을 통한 스트리밍주소를 여러개 입력하여 선택하여 스트리밍 할 수 있는 GUI 프로그램을 요청하였습니다.

http://ebsonairiosaod.ebs.co.kr/fmradiobandiaod/bandiappaac/playlist.m3u8
EBS FM
http://fmbook.ebs.co.kr/fmbook/live_m4a/playlist.m3u8
EBS 책읽어주는 라디오
http://new_iradio.ebs.co.kr/iradio/iradiolive_m4a/playlist.m3u8
EBS 외국어1
http://bandibook.ebs.co.kr/bandibook/live_m4a/playlist.m3u8
EBS 외국어2
http://tbs.hscdn.com/tbsradio/fm/playlist.m3u8
TBS FM 교통방송
http://tbs.hscdn.com/tbsradio/efm/playlist.m3u8
TBS eFM
각각의 스트리밍주소와 방송국이야.
위의 방송국 리스트를 선택하여 재생 할 수 있는 GUI 프로그램을 만들어줘. tkinter로 만들고 GUI의 크기는 가로 500 세로 300픽셀로 해줘

다음은 파이썬에서 HTTP Live Streaming(HLS)을 이용하여 EBS 라디오를 출력하는 예제 코드입니다. 이 코드를 실행하면 EBS 라디오가 재생됩니다.

```python
import tkinter as tk
import vlc

# 라디오 방송 정보
radios = {
    'EBS FM'': 'http://ebsonairiosaod.ebs.co.kr/fmradiobandiaod/bandiappaac/playlist.m3u8',
    'EBS 책읽어주는 라디오': 'http://fmbook.ebs.co.kr/fmbook/live_m4a/playlist.m3u8',
    'EBS 외국어1': 'http://new_iradio.ebs.co.kr/iradio/iradiolive_m4a/playlist.m3u8',
    'EBS 외국어2': 'http://bandibook.ebs.co.kr/bandibook/live_m4a/playlist.m3u8',
    'TBS FM 교통방송': 'http://tbs.hscdn.com/tbsradio/fm/playlist.m3u8',
    'TBS eFM': 'http://tbs.hscdn.com/tbsradio/efm/playlist.m3u8',
}


class RadioPlayer:
    def __init__(self, master):
        self.master = master
        master.title('라디오')
        master.geometry('200x100')
        # 라디오 선택 메뉴 생성
        self.radio_var = tk.StringVar(master)
        self.radio_var.set(list(radios.keys())[0])
        self.radio_menu = tk.OptionMenu(master, self.radio_var, *radios.keys())
        self.radio_menu.pack()
        # 재생/일시정지/중지 버튼 생성
        self.play_button = tk.Button(master, text='재생', command=self.play_radio)
        self.pause_button = tk.Button(master, text='일시정지', command=self.pause_radio)
        self.stop_button = tk.Button(master, text='중지', command=self.stop_radio)
        self.play_button.pack(side=tk.LEFT, padx=10)
        self.pause_button.pack(side=tk.LEFT, padx=10)
        self.stop_button.pack(side=tk.LEFT, padx=10)
        # 미디어 재생을 위한 인스턴스 생성
        self.instance = vlc.Instance('--no-xlib')
        # 미디어 플레이어 생성
        self.media_player =self.instance.media_player_new()
        # 초기 상태
        self.is_playing =False
    def play_radio(self):
        """선택한 라디오 방송을 재생합니다."""
        radio_url = radios[self.radio_var.get()]
        media =self.instance.media_new(radio_url)
        self.media_player.set_media(media)
        self.media_player.play()
        self.is_playing =True
    def pause_radio(self):
        """현재 재생 중인 라디오 방송을 일시정지합니다."""
        if self.is_playing:
            self.media_player.pause()
            self.is_playing =False
    def stop_radio(self):
```

```
            """"현재 재생 중인 라디오 방송을 중지합니다."""
            if self.is_playing:
                self.media_player.stop()
                self.is_playing =False

root = tk.Tk()
radio_player = RadioPlayer(root)
root.mainloop()
```

위 코드에서는 방송국 리스트를 url_list 변수에 저장하고, 방송국 선택을 위한 라디오 버튼은
tk.Radiobutton을 이용하여 생성합니다. 선택된 방송국의 인덱스를 저장하기 위한 radio_var 변수
는 tk.IntVar()를 이용하여 생성하고, 라디오 버튼의 variable 속성과 연결됩니다.

play_radio() 메소드에서는 현재 선택된 방송국의 인덱스를 idx 변수에 저장하고, 미디어 플레이어
를 생성하여 선택된 방송국의 URL로 미디어를 설정합니다. 마지막으로 media_player.play()를 호
출하여 미디어를 재생합니다.
위 코드를 실행하면 방송국 선택 버튼이 있는 윈도우가 생성됩니다. 사용자가 방송국을 선택하면 선
택된 방송국의 라디오가 재생됩니다. "종료" 버튼을 누르면 프로그램이 종료됩니다.

실행결과

[▷ Python 파일 실행] 버튼을 클릭하여 코드를 실행합니다.
라디오를 재생할 수 있는 GUI를 완성하였습니다.

플레이 리스트를 선택 할 수 있습니다. 다만. 스트리밍 주소가 변경된 경우가 있어 모두 재생되지는
않습니다.

프로그램 만들기 22 MBTI 성격유형 검사 프로그램 만들기

프로그램 설명 MBTI 성격유형 검사 프로그램을 만들어봅니다. 웹을 이용하여 검사할 수 있는 프로그램을 만들어 봅니다.

폴더와 파일 생성하기

[챗GPT로 만드는 파이썬 작품들] 폴더에 [22.MBTI 성격유형 검사프로그램 만들기] 폴더를 생성 후 [main22-1.py], [main22-2.py] 파일을 생성합니다.

```
✓ 📁 22.MBTI 성격유형 검사프로그램 만들기
    🐍 main22-1.py
    🐍 main22-2.py
```

라이브러리 설치하기

flask는 웹서버를 만들기 위한 프레임워크 입니다. 터미널에 다음의 명령어를 입력하여 설치합니다.

```
pip install flask
```

MBTI 성격유형 검사 프로그램 만들기

요근래 유행했던 MBTI 성격유형 검사 프로그램을 만들어 달라고 요청하였습니다. MBTI 검사는 어떻게 진행되는지 몰라서 챗GPT에게 모든 것을 맡겼습니다.

 파이썬으로 MBTI 성격유형 검사 프로그램을 만들어줘

 네, MBTI 성격유형 검사 프로그램을 파이썬으로 만들어드릴 수 있습니다. 다음은 간단한 프로그램 예시입니다.

---

main22-1.py

```python
print("MBTI 성격유형검사")
print("각 문항에 대해 가장 적절한 답변을 선택해주세요.")
print("1: 전혀 그렇지 않다 / 2: 그렇지 않은 편이다 / 3: 보통이다 / 4: 그렇다 / 5: 매우 그렇다")

questions = [
    "1. 대체로 사람들과 어울리는 것을 좋아한다.",
    "2. 논쟁보다는 타협하는 것이 좋다고 생각한다.",
    "3. 대개 계획을 세우는 것을 좋아한다.",
```

```python
    "4. 새로운 일에 도전하는 것을 좋아한다.",
    "5. 감정을 드러내는 것보다는 이성적으로 생각하는 것이 좋다고 생각한다.",
    "6. 대체로 조용한 분위기를 좋아한다.",
    "7. 사람들과의 대화에서 자주 말하는 편이다.",
    "8. 어떤 일을 할 때 체계적으로 처리하는 편이다.",
    "9. 강한 경쟁심이 있다.",
    "10. 주로 자신의 감정에 따라 일을 처리한다."
]

results = {
    "ISTJ": [1, 2, 3, 8, 10],
    "ISFJ": [1, 2, 3, 6, 10],
    "INFJ": [2, 3, 5, 6, 10],
    "INTJ": [3, 4, 5, 8, 10],
    "ISTP": [4, 6, 7, 9, 10],
    "ISFP": [4, 6, 7, 10],
    "INFP": [2, 5, 6, 10],
    "INTP": [3, 5, 6, 8, 10],
    "ESTP": [4, 6, 7, 9],
    "ESFP": [4, 6, 7],
    "ENFP": [2, 5, 6],
    "ENTP": [3, 5, 6, 9],
    "ESTJ": [1, 2, 3, 8, 9],
    "ESFJ": [1, 2, 3, 6, 9],
    "ENFJ": [2, 3, 5, 6, 9],
    "ENTJ": [3, 4, 5, 8, 9]
}

results_count = {result: 0 for result in results}

for i, question in enumerate(questions):
    print(question)
    while True:
        try:
            answer =int(input("답변을 입력해주세요: "))
            if answer <1 or answer >5:
                print("1에서 5 사이의 값을 입력해주세요.")
                continue
            break
        except ValueError:
            print("숫자를 입력해주세요.")

for result, result_answers in results.items():
    if i+1 in result_answers:
        results_count[result] += answer

max_result = max(results_count, key=results_count.get)
print(f"당신의 MBTI 성격유형은 {max_result}입니다.")
```

이 코드는 간단한 콘솔 프로그램입니다. 각 문항에 대해 사용자로부터 1에서 5까지의 답변을 입력받습니다. 그리고 각각의 답변을 이전에 정의한 성격유형 결과 사전에 더하여, 모든 답변에 대해 해당 결과 유형의 점수를 계산합니다. 마지막으로, 가장 높은 점수를 받은 결과 유형을 출력하여 사용자의 성격 유형을 결정합니다.

이 코드는 개선할 여지가 많으며, 예를 들어 입력 유효성 검사를 강화하거나 결과 유형과 문항을 더 다양하게 할 수 있습니다. 하지만 이 코드를 시작점으로 확장해보시기를 권해드립니다.

실행결과

[▷ Python 파일 실행] 버튼을 클릭하여 코드를 실행합니다.

질문에 대한 답변을 입력하면 MBTI 성격유형을 출력합니다.

```
7. 사람들과의 대화에서 자주 말하는 편이다.
답변을 입력해주세요: 5
8. 어떤 일을 할 때 체계적으로 처리하는 편이다.
답변을 입력해주세요: 5
9. 강한 경쟁심이 있다.
답변을 입력해주세요: 5
10. 주로 자신의 감정에 따라 일을 처리한다.
답변을 입력해주세요: 5
당신의 MBTI 성격유형은 ISTJ입니다.
```

웹페이지로 MBTI 성격유형 검사 프로그램 만들기

많은 웹사이트에서 MBTI를 자체적으로 할 수 있도록 제공하고 있습니다. 웹에서는 어떤 방식으로 서비스되는지 궁금하여 웹에서 동작할 수 있도록 만들어달라고 요청하였습니다. 그 결과 flask라는 웹서비스를 이용하여 코드를 만들었습니다.

 파이썬으로 웹페이지에서 동작하는 MBTI 성격유형검사 프로그램을 만들어줘

 네, 코드를 웹페이지에서 동작할 수 있도록 Flask 웹 애플리케이션을 작성해보겠습니다. 다음은 코드입니다.

main22-2.py

```python
from flask import Flask, render_template, request

app = Flask(__name__)

@app.route('/')
def index():
    questions = [
        "1. 대체로 사람들과 어울리는 것을 좋아한다.",
```

```python
        "2. 논쟁보다는 타협하는 것이 좋다고 생각한다.",
        "3. 대개 계획을 세우는 것을 좋아한다.",
        "4. 새로운 일에 도전하는 것을 좋아한다.",
        "5. 감정을 드러내는 것보다는 이성적으로 생각하는 것이 좋다고 생각한다.",
        "6. 대체로 조용한 분위기를 좋아한다.",
        "7. 사람들과의 대화에서 자주 말하는 편이다.",
        "8. 어떤 일을 할 때 체계적으로 처리하는 편이다.",
        "9. 강한 경쟁심이 있다.",
        "10. 주로 자신의 감정에 따라 일을 처리한다."
    ]
    return render_template('index.html', questions=questions)


@app.route('/result', methods=['POST'])
def result():
    questions = [
        "1. 대체로 사람들과 어울리는 것을 좋아한다.",
        "2. 논쟁보다는 타협하는 것이 좋다고 생각한다.",
        "3. 대개 계획을 세우는 것을 좋아한다.",
        "4. 새로운 일에 도전하는 것을 좋아한다.",
        "5. 감정을 드러내는 것보다는 이성적으로 생각하는 것이 좋다고 생각한다.",
        "6. 대체로 조용한 분위기를 좋아한다.",
        "7. 사람들과의 대화에서 자주 말하는 편이다.",
        "8. 어떤 일을 할 때 체계적으로 처리하는 편이다.",
        "9. 강한 경쟁심이 있다.",
        "10. 주로 자신의 감정에 따라 일을 처리한다."
    ]
    results = {
        "ISTJ": [1, 2, 3, 8, 10],
        "ISFJ": [1, 2, 3, 6, 10],
        "INFJ": [2, 3, 5, 6, 10],
        "INTJ": [3, 4, 5, 8, 10],
        "ISTP": [4, 6, 7, 9, 10],
        "ISFP": [4, 6, 7, 10],
        "INFP": [2, 5, 6, 10],
        "INTP": [3, 5, 6, 8, 10],
        "ESTP": [4, 6, 7, 9],
        "ESFP": [1, 4, 6, 7, 10],
        "ENFP": [1, 2, 5, 6, 10],
        "ENTP": [3, 5, 7, 8, 10],
        "ESTJ": [1, 3, 8, 9, 10],
        "ESFJ": [1, 2, 6, 7, 10],
        "ENFJ": [2, 3, 5, 6, 7],
        "ENTJ": [3, 4, 5, 8, 9]
    }
    scores = { "E": 0, "I": 0, "S": 0, "N": 0, "T": 0, "F": 0, "J": 0, "P": 0 }
    for i in range(1, 11):
        answer =int(request.form['q'+str(i)])
        for k, v in results.items():
            if i in v:
                if answer <=3:
```

```
                        scores[k[0]] +=1
            else:
                        scores[k[1]] +=1


    result =""
    if scores['E'] > scores['I']:
        result +="E"
    else:
        result +="I"
    if scores['S'] > scores['N']:
        result +="S"
    else:
        result +="N"
    if scores['T'] > scores['F']:
        result +="T"
    else:
        result +="F"
    if scores['J'] > scores['P']:
        result +="J"
    else:
        result +="P"

    return render_template('result.html', result=result)

if __name__ =='__main__':
    app.run()
```

이 코드는 Flask 웹 애플리케이션입니다. index 함수는 /URL 경로로 접속할 때 사용됩니다. 이 함수는 templates/index.html 템플릿 파일을 렌더링하여 사용자에게 설문조사를 보여줍니다. 설문조사는 ⟨form⟩태그 안에 있는 각 문항마다 라디오 버튼으로 구성됩니다. 라디오 버튼의 값은 name 속성과 value 속성으로 구성되며, 이 값은 나중에 Flask에서 가져올 수 있습니다.

result 함수는 /resultURL 경로로 접속할 때 사용됩니다. 이 함수는 사용자가 제출한 설문조사 결과를 처리하고, MBTI 성격 유형 결과를 계산합니다. 그런 다음, templates/result.html 템플릿 파일을 렌더링하여 사용자에게 결과를 보여줍니다.

[22.MBTI 성격유형 검사프로그램 만들기] 폴더에 [templates] 폴더를 생성 후 [index.html] 파일과 [result.html] 파일을 생성합니다.

※ html 코드 또한 챗GPT가 생성하였습니다.

다음의 html 코드를 index.html 파일에 입력합니다.

```
templates/index.html
<!doctype html>
<html>
  <head>
    <title>MBTI 성격유형검사</title>
  </head>
  <body>
    <h1>MBTI 성격유형검사</h1>
    <form action="/result" method="post">
      <ol>
        <li>
          <p>대체로 사람들과 어울리는 것을 좋아한다.</p>
          <input type="radio" name="q1" value="1"> 전혀 그렇지 않다
          <input type="radio" name="q1" value="2"> 그렇지 않은 편이다
          <input type="radio" name="q1" value="3"> 보통이다
          <input type="radio" name="q1" value="4"> 그렇다
          <input type="radio" name="q1" value="5"> 매우 그렇다
        </li>
        <li>
          <p>논쟁보다는 타협하는 것이 좋다고 생각한다.</p>
          <input type="radio" name="q2" value="1"> 전혀 그렇지 않다
          <input type="radio" name="q2" value="2"> 그렇지 않은 편이다
          <input type="radio" name="q2" value="3 "> 보통이다
          <input type="radio" name="q2" value="4"> 그렇다
          <input type="radio" name="q2" value="5"> 매우 그렇다
        </li>
        <!-- 이하 생략 -->
      </ol>
      <button type="submit">제출</button>
    </form>
  </body>
</html>
```

다음의 html 코드를 result.html 파일에 입력합니다.

```
<!doctype html>
<html>
  <head>
    <title>MBTI 검사 결과</title>
  </head>
  <body>
    <h1>당신의 MBTI 성격유형은 {{ result }}입니다.</h1>
  </body>
</html>
```

실행결과

[▷ Python 파일 실행] 버튼을 클릭하여 코드를 실행합니다.

파이썬 코드를 실행하면 웹 주소가 출력됩니다. [컨트롤 + 마우스왼쪽클릭]을 통해 바로 접속하거나, 웹브라우저에 주소를 입력하여 접속합니다.

```
* Serving Flask app "main22-2" (lazy loading)
* Environment: production
  WARNING: This is a development server. Do not use it in a production deployment.
  Use a production WSGI server instead.
* Debug mode: off
* Running on http://127.0.0.1:5000/ (Press CTRL+C to quit)
```

flask를 이용하여 웹페이지를 생성하였습니다.

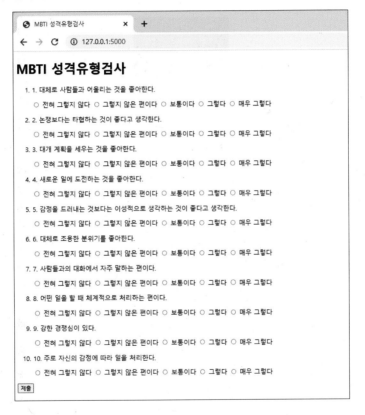

[제출]을 누르면 결과의 확인이 가능합니다.

23 날짜 계산기

프로그램 설명 년 월 일 날짜를 입력하면 며칠이 지났는지 계산하여 알려주는 프로그램을 만들어봅니다.

폴더와 파일 생성하기

[챗GPT로 만드는 파이썬 작품들] 폴더에 [23.날짜 계산기] 폴더를 생성 후 [main23-1.py],
[main23-2.py], [main23-3.py] 파일을 생성합니다.

날짜 계산기 만들기

D-day등 기준일을 정해놓고 날짜를 계산하는 프로그램을 만들어 달라고 요청하였습니다. 그 결과
시작일을 입력하고 종료일을 입력하여 그 사이의 날짜를 결과값으로 알려주었습니다.

 파이썬으로 날짜 계산기 프로그램을 만들어줘

 네, 파이썬으로 날짜 계산기 프로그램을 만들어드리겠습니다.

main23-1.py

```python
import datetime

print("날짜 계산기 프로그램입니다.")
print("연도, 월, 일을 차례로 입력하세요.")
year =int(input("연도: "))
month =int(input("월: "))
day =int(input("일: "))

given_date = datetime.date(year, month, day)

print("입력한 날짜는", given_date.strftime("%Y년 %m월 %d일"), "입니다.")
print("이 날짜에서 며칠을 더하거나 빼시겠습니까?")
days_diff =int(input("일 수:"))

result_date = given_date + datetime.timedelta(days=days_diff)

print(days_diff, "일을 더하거나 빼면", result_date.strftime("%Y년 %m월 %d일"), "입니다.")
```

위 코드는 사용자로부터 연도, 월, 일을 입력받아 날짜를 만들고, 이 날짜에 일수를 더하거나 빼는 기능을 제공하는 간단한 날짜 계산기 프로그램입니다. datetime 모듈의 date 클래스와 timedelta 클래스를 사용하여 날짜와 시간을 처리하였습니다.

실행결과

[▷ Python 파일 실행] 버튼을 클릭하여 코드를 실행합니다.

년, 월, 일을 입력 후 더하거나 빼고 싶은 날짜를 입력하면 결과가 출력됩니다.

```
날짜 계산기 프로그램입니다.
연도, 월, 일을 차례로 입력하세요.
연도: 2017
월: 12
일: 12
입력한 날짜는 2017년 12월 12일 입니다.
이 날짜에서 몇 일을 더하거나 빼시겠습니까?
일 수: 1000
1000 일을 더하거나 빼면 2020년 09월 07일 입니다.
```

오늘까지 날짜 계산기 만들기

기준일부터 오늘까지의 날짜를 계산할 수 있도록 구체적으로 요청하였습니다.

 기준날짜를 입력하면 오늘까지 며칠이 지났는지 출력하는 프로그램을 만들어줘

 네, 기준날짜를 입력하면 오늘까지 며칠이 지났는지 출력하는 파이썬 프로그램을 만들어드리겠습니다.

main23-2.py

```python
import datetime

print("기준 날짜부터 오늘까지 며칠이 지났는지 계산하는 프로그램입니다.")
print("연도, 월, 일을 차례로 입력하세요.")
year =int(input("연도: "))
month =int(input("월: "))
day =int(input("일: "))

start_date = datetime.date(year, month, day)
end_date = datetime.date.today()

days_diff = (end_date - start_date).days

print(start_date.strftime("%Y년 %m월 %d일"), "부터 오늘까지", days_diff, "일이 지났습니다.")
```

위 코드는 사용자로부터 연도, 월, 일을 입력받아 시작일자를 만들고, today() 함수를 이용하여 오늘 날짜를 구한 뒤, 두 날짜의 차이를 계산하여 경과된 일수를 구하는 간단한 프로그램입니다. datetime 모듈의 date 클래스를 사용하여 날짜를 처리하였습니다.

실행결과

[▷ Python 파일 실행] 버튼을 클릭하여 코드를 실행합니다.
기준날짜를 입력하면 오늘까지 며칠이 지났는지 계산되어 출력됩니다.

```
기준 날짜부터 오늘까지 몇일이 지났는지 계산하는 프로그램입니다.
연도, 월, 일을 차례로 입력하세요.
연도: 2017
월: 12
일: 12
2017년 12월 12일 부터 오늘까지 1911 일이 지났습니다.
```

오늘까지 날짜 계산기 GUI 프로그램 만들기

오늘까지의 날짜를 GUI로 출력하는 프로그램을 만들어 달라고 요청하였습니다.

 기준날짜를 입력하면 오늘까지 며칠이 지났는지 출력하는 간단한 GUI 프로그램을 만들어줘

 네, 기준날짜를 입력하면 오늘까지 며칠이 지났는지 출력하는 간단한 GUI 프로그램을 만들어드리겠습니다. 이를 위해 tkinter 모듈을 사용하겠습니다.

main23-3.py

```python
import tkinter as tk
import datetime

def calculate_days():
    start_date = datetime.date(int(year_entry.get()), int(month_entry.get()), int(day_entry.get()))
    end_date = datetime.date.today()
    days_diff = (end_date - start_date).days
    result_label.config(text=f"{start_date.strftime('%Y년 %m월 %d일')}부터 오늘까지 {days_diff}일
이 지났습니다.")

root = tk.Tk()
root.title("날짜 계산기")

# 라벨 및 엔트리 위젯 생성
year_label = tk.Label(root, text="연도")
year_label.grid(row=0, column=0)
year_entry = tk.Entry(root)
year_entry.grid(row=0, column=1)
```

```
month_label = tk.Label(root, text="월")
month_label.grid(row=1, column=0)
month_entry = tk.Entry(root)
month_entry.grid(row=1, column=1)

day_label = tk.Label(root, text="일")
day_label.grid(row=2, column=0)
day_entry = tk.Entry(root)
day_entry.grid(row=2, column=1)

# 계산 버튼 생성
calculate_button = tk.Button(root, text="계산", command=calculate_days)
calculate_button.grid(row=3, column=0, columnspan=2)

# 결과 출력 라벨 생성
result_label = tk.Label(root, text="")
result_label.grid(row=4, column=0, columnspan=2)
root.mainloop()
```

위 코드는 사용자로부터 연도, 월, 일을 입력받아 시작일자를 만든 뒤, today() 함수를 이용하여 오늘 날짜를 구한 뒤, 두 날짜의 차이를 계산하여 경과된 일수를 구하는 GUI 프로그램입니다. tkinter 모듈을 사용하여 윈도우 창과 라벨, 엔트리, 버튼 등의 위젯을 생성하였습니다. "계산" 버튼을 클릭하면 calculate_days() 함수가 실행되어 결과 라벨에 계산 결과가 출력됩니다.

실행결과

[▷ Python 파일 실행] 버튼을 클릭하여 코드를 실행합니다.
오늘까지의 날짜를 계산하는 GUI 프로그램이 완성되었습니다.

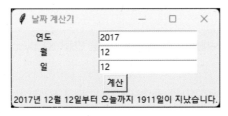

24 가상화폐 표시 프로그램 만들기

프로그램 설명 가상화폐의 시세를 조회하여 표시하는 프로그램을 만들어봅니다.

폴더와 파일 생성하기

[챗GPT로 만드는 파이썬 작품들] 폴더에 [24.가상화폐 표시 프로그램 만들기] 폴더를 생성 후 [main24-1.py], [main24-2.py], [main24-3.py] 파일을 생성합니다.

라이브러리 설치하기

pyupbit 라이브러리를 설치해야합니다. 가상화폐의 시세를 조회하기위한 라이브러리 입니다.

```
pip install pyupbit
```

가상화폐 시세조회하기

가상화폐의 시세를 조회하는 프로그램을 여러 번 요청하였으나 가입을 통한 API사용방법을 알려주어 필자가 알고 있는 무료로 사용가능한 pyupbit 라이브러리를 사용하도록 질문을 통해 요청하였습니다. 질문자가 관련 지식을 많이 알고 있어 구체적으로 질문하면 더 좋은 결과를 얻을 수 있습니다.

 파이썬으로 가상화폐의 시세를 출력하는 프로그램을 만들어줘. pyupbit 라이브러리를 사용해줘

 코드를 사용하여 가상화폐의 시세를 출력하는 프로그램을 작성할 수 있습니다.

main24-1.py

```python
import pyupbit

# 원화 시장에서 BTC/KRW의 현재가를 조회합니다.
price = pyupbit.get_current_price("KRW-BTC")

# 조회한 현재가를 출력합니다.
print("현재 BTC/KRW의 가격은", price, "원입니다.")
```

위 코드에서 "KRW-BTC"는 원화(KRW) 시장에서 비트코인(BTC)의 가격을 조회하기 위한 코드입니다. 이 코드를 변경하여 다른 가상화폐의 가격을 조회할 수 있습니다. 예를 들어, 이더리움(ETH)의 가격을 조회하려면 "KRW-ETH"로 코드를 변경하면 됩니다.

실행결과

[▷ Python 파일 실행] 버튼을 클릭하여 코드를 실행합니다.
비트코인의 현제 시세가 출력되었습니다.

```
현재 BTC/KRW의 가격은 29896000 원입니다.
```

모든 가상화폐 시세조회하기

pyupbit 라이브러리에서 조회 가능한 라이브러리가 궁금하여 모든 가상화폐를 조회하는 프로그램을 요청하였습니다. 다만 pyupbit.get_tickers()를 사용할 때 오래되어 조회가 안 되는 경우 에러가 발생하여 프로그램이 종료되었습니다. try except 구문으로 감싸 에러나는 부분을 무시하는 코드로 수정하였습니다.

 모든 가상화폐의 조회하는 프로그램을 만들어줘

 다음 코드는 pyupbit 라이브러리를 사용하여 모든 가상화폐의 현재 가격을 조회하고 출력하는 프로그램입니다.

main24-2.py

```python
import pyupbit

# 모든 가상화폐의 티커(ticker) 리스트를 조회합니다.
tickers = pyupbit.get_tickers()

# 모든 가상화폐의 현재가를 조회하고 출력합니다.
for ticker in tickers:
    try:
        price = pyupbit.get_current_price(ticker)
        print(ticker, price)
    except:
        pass
```

위 코드에서 pyupbit.get_tickers() 함수를 사용하여 모든 가상화폐의 티커(ticker) 리스트를 조회하고, for문을 사용하여 각 가상화폐의 현재 가격을 조회하고 출력합니다.

실행결과

[▷ Python 파일 실행] 버튼을 클릭하여 코드를 실행합니다.
모든 가상화폐의 시세가 출력되었습니다.

```
BTC-AGLD 2.012e-05
BTC-BAR 0.00017906
BTC-CITY 0.00019587
BTC-INTER 0.00012072
BTC-NAP 0.000286
KRW-SHIB 0.0149
BTC-GAL 7.421e-05
BTC-ASTR 3e-06
BTC-BLUR 3.017e-05
```

비트코인의 1년 그래프 그리기

비트코인의 1년 시세 그래프를 그리는 코드를 요청하였습니다. 데이터의 단위를 1일 마다로 하여 너무 많은 데이터를 읽어와 그래프를 그리는 것을 미연에 방지하였습니다.

 파이썬으로 비트코인의 1년 금액 그래프를 그려줘. 1일 단위로 그려줘

 비트코인의 1년 금액 그래프를 그리기 위해서는 matplotlib 라이브러리와 pyupbit 라이브러리를 사용할 수 있습니다.
먼저, pyupbit 라이브러리를 사용하여 비트코인의 일별 시세를 조회하여 데이터프레임으로 저장합니다. 그런 다음 matplotlib 라이브러리를 사용하여 그래프를 그릴 수 있습니다.
다음 코드를 사용하여 비트코인의 1년 금액 그래프를 그리는 프로그램을 작성할 수 있습니다.

main24-3.py

```python
import pyupbit
import pandas as pd
import matplotlib.pyplot as plt
from datetime import datetime, timedelta

# 1년 전의 시간을 구합니다.
to_date = datetime.now()
from_date = to_date - timedelta(days=365)

# 비트코인(BTC)의 일별 시세를 조회합니다.
df = pyupbit.get_ohlcv("KRW-BTC", interval="day", to=to_date, count=365)

# 그래프의 x축 값을 지정합니다.
x_values = pd.date_range(start=from_date, end=to_date - timedelta(days=1), freq='D')

# 그래프를 그립니다.
plt.plot(x_values, df['close'])
```

```
# 그래프 제목과 레이블을 추가합니다.
plt.title('Bitcoin Price in KRW (1 year)')
plt.xlabel('Date')
plt.ylabel('Price (KRW)')

# x축 레이블을 45도로 회전합니다.
plt.xticks(rotation=45)

# 그래프를 보여줍니다.
plt.show()
```

위 코드에서 pyupbit.get_ohlcv() 함수를 사용하여 비트코인의 일별 시세 데이터프레임을 가져옵니다. 그런 다음 pd.date_range() 함수를 사용하여 x축 값인 날짜 범위를 생성하고, plt.plot() 함수를 사용하여 그래프를 그립니다. 마지막으로, plt.title(), plt.xlabel(), plt.ylabel(), plt.xticks() 함수를 사용하여 그래프의 제목, 레이블, 눈금 등을 지정합니다. plt.show() 함수를 호출하여 그래프를 보여줍니다.

실행결과

[▷ Python 파일 실행] 버튼을 클릭하여 코드를 실행합니다.
비트코인의 1년 시세를 조회하고 그래프를 출력하였습니다.

프로그램 만들기 25 가상화폐 데이터 획득하여 데이터베이스에 저장

> **프로그램 설명** 가상화폐의 시세데이터를 획득하여 데이터베이스에 저장하는 프로그램을 만들어봅니다.

폴더와 파일 생성하기

[챗GPT로 만드는 파이썬 작품들] 폴더에 [25.가상화폐 데이터 획득하여 데이터베이스에 저장] 폴더를 생성 후 [main25-1.py], [main25-2.py], [main25-3.py] 파일을 생성합니다.

라이브러리 설치하기

pyupbit 라이브러리를 설치해야합니다. 가상화폐의 시세를 조회하기위한 라이브러리 입니다.

```
pip install pyupbit
```

가상화폐 시세를 데이터베이스에 입력하기

데이터를 안정적으로 저장하기에는 데이터베이스가 좋기 때문에 가상화폐 데이터의 시세를 조회하여 데이터베이스에 그 값을 넣는 프로그램을 요청하였습니다.

 파이썬으로 가상화폐의 시세를 조회해서 데이터베이스에 넣는 코드를 작성해줘. pyupbit 라이브러리를 사용해줘

 아래 코드를 참고하여 가상화폐 시세를 조회하고 데이터베이스에 저장하는 코드를 작성해보세요.

main25-1.py

```python
import pyupbit
import sqlite3
import datetime

# 데이터베이스 연결
conn = sqlite3.connect(r'25.가상화폐 데이터 획득하여 데이터베이스에 저장\upbit.db')
cur = conn.cursor()
```

```python
# 테이블 생성
cur.execute("CREATE TABLE IF NOT EXISTS BTC_KRW (time TEXT, price INTEGER)")

# 시세 조회
price = pyupbit.get_current_price("KRW-BTC")
now = datetime.datetime.now()

# 조회 결과 출력
print(now, price)

# 데이터베이스에 저장
cur.execute("INSERT INTO BTC_KRW (time, price) VALUES (?, ?) ", (now, price))
conn.commit()

# 연결 종료
conn.close()
```

이 코드는 upbit.db라는 이름의 SQLite 데이터베이스에 BTC_KRW 테이블을 생성하고, 현재 BTC-KRW 시장의 가격을 조회하여 데이터베이스에 저장하는 예시 코드입니다. 만약 다른 가상화폐나 시장을 조회하려면 "KRW-BTC" 대신 다른 마켓 코드를 입력해주시면 됩니다.

데이터베이스에 저장된 데이터는 추후에 다시 불러와서 분석하거나 시각화할 수 있습니다. 이렇게 저장된 데이터를 활용하면 다양한 가상화폐 관련 분석을 수행할 수 있습니다.

실행결과

[▷ Python 파일 실행] 버튼을 클릭하여 코드를 실행합니다.

upbit.db 데이터베이스 파일이 생성되었습니다.

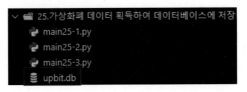

데이터베이스에 10초마다 값 입력하기

가상화폐의 시세는 실시간으로 변하기 때문에 10초마다 값을 조회하여 저장할 수 있도록 요청하였습니다.

파이썬으로 가상화폐의 시세를 조회해서 데이터베이스에 넣는 코드를 작성해줘. 10초마다 데이터를 입력해줘. pyupbit 라이브러리를 사용해줘.

pyupbit 라이브러리를 사용하여 10초마다 가상화폐 시세를 조회하고 데이터베이스에 저장하는 코드를 작성해보겠습니다. 아래 코드를 참고해주세요.

---

main25-2.py

```python
import pyupbit
import sqlite3
import datetime
import time

# 데이터베이스 연결
conn = sqlite3.connect(r'25.가상화폐 데이터 획득하여 데이터베이스에 저장\upbit.db')
cur = conn.cursor()

# 테이블 생성
cur.execute("CREATE TABLE IF NOT EXISTS BTC_KRW (time TEXT, price INTEGER)")

# 10초마다 시세 조회 및 데이터베이스에 저장
while True:
    try:
        price = pyupbit.get_current_price("KRW-BTC")
        now = datetime.datetime.now()

        # 조회 결과 출력
        print(now, price)

        # 데이터베이스에 저장
        cur.execute("INSERT INTO BTC_KRW (time, price) VALUES (?, ?)", (now, price))
        conn.commit()

        # 10초 대기
        time.sleep(10)
    except Exception as e:
        print(e)
        time.sleep(1)

# 연결 종료
conn.close()
```

이 코드는 upbit.db라는 이름의 SQLite 데이터베이스에 BTC_KRW 테이블을 생성하고, 10초마다 BTC-KRW 시장의 가격을 조회하여 데이터베이스에 저장하는 예시 코드입니다. 위 코드를 실행하면 가격 조회 및 데이터베이스 저장이 계속해서 반복됩니다. 데이터베이스에 저장된 데이터는 추후에 다시 불러와서 분석하거나 시각화할 수 있습니다.

주의해야 할 점은, pyupbit 라이브러리를 사용할 때는 일정 시간 이내에 너무 많은 요청을 보내면 서버에서 차단될 수 있으므로, 일정한 간격으로 요청을 보내야 합니다. 따라서 코드에서 time.sleep(10) 구문을 사용하여 10초마다 한 번씩만 요청을 보내도록 설정하였습니다. 이는 가상화폐 시세 조회 외에도, 다른 API를 사용할 때도 동일하게 적용됩니다.

실행결과

[▷ Python 파일 실행] 버튼을 클릭하여 코드를 실행합니다.

10초마다 비트코인의 시세를 조회하여 데이터베이스에 쓰고 있습니다.

```
2023-03-07 10:39:24.610655 29864000
2023-03-07 10:39:34.673006 29864000
```

데이터베이스에서 값 읽어 확인하기

데이터베이스에 값이 잘 쓰여 졌는지 확인하기 위해서 데이터베이스에서 값을 읽어 확인하는 코드를 요청하였습니다.

 데이터베이스 파일에서 읽어서 출력하는 프로그램을 만들어줘

 앞서 작성한 코드에서는 BTC-KRW 시세를 조회하고 데이터베이스에 저장하는 과정을 보여드렸습니다. 이번에는 저장된 데이터를 읽어와 출력하는 코드를 작성해보겠습니다. 아래 코드를 참고해주세요.

main25-3.py

```python
import sqlite3

# 데이터베이스 연결
conn = sqlite3.connect(r'25.가상화폐 데이터 획득하여 데이터베이스에 저장\upbit.db')
cur = conn.cursor()

# BTC-KRW 가격 조회
cur.execute("SELECT * FROM BTC_KRW")
rows = cur.fetchall()

# 조회 결과 출력
for row in rows:
    print(row)

# 연결 종료
conn.close()
```

이 코드는 upbit.db라는 이름의 SQLite 데이터베이스에서 BTC_KRW 테이블을 조회하여, 저장된 모든 데이터를 출력하는 예시 코드입니다. 데이터베이스에서 조회한 결과는 fetchall() 메서드를 사용하여 rows 변수에 저장되며, 이후 for 문을 사용하여 각 row를 출력합니다.

만약 특정 기간의 데이터만 조회하고 싶다면 SELECT 쿼리문에서 WHERE 절을 활용하여 기간을 지정할 수 있습니다. 이렇게 데이터를 필터링하면 분석 작업에 필요한 데이터만을 추출하여 활용할 수 있습니다.

실행결과

[▷ Python 파일 실행] 버튼을 클릭하여 코드를 실행합니다.
데이터베이스에 값을 읽어 출력하였습니다.

```
('2023-03-05 11:11:01.171278', 30034000)
('2023-03-05 11:13:20.817746', 30052000)
('2023-03-05 11:13:30.894175', 30029000)
('2023-03-05 11:13:56.083877', 30047000)
('2023-03-05 11:14:11.199107', 30048000)
('2023-03-07 10:26:12.522803', 29917000)
('2023-03-07 10:39:24.610655', 29864000)
('2023-03-07 10:39:34.673006', 29864000)
('2023-03-07 10:39:44.739728', 29858000)
```

26 데이터베이스의 데이터 읽어 그래프 그리기

프로그램 설명 가상화폐의 금액이 저장된 데이터베이스에서 값을 읽어 여러 형태의 그래프를 그려봅니다.

폴더와 파일 생성하기

[챗GPT로 만드는 파이썬 작품들] 폴더에 [26.데이터베이스의 데이터 읽어 그래프 그리기] 폴더를
생성 후 [main26-1.py], [main26-2.py], [main26-3.py] 파일을 생성합니다.

데이터베이스 파일 복사하기

[25.가상화폐 데이터 획득하여 데이터베이스에 저장] 을 진행후 만든 [upbit.db] 파일을 [26.데이터
베이스의 데이터 읽어 그래프 그리기] 폴더에 복사합니다.

DB파일에서 읽어 그래프 그리기

기존의 데이터베이스 파일에서 값을 읽어 그래프를 그리는 코드를 요청하였습니다. 다만 데이터베
이스의 형식을 챗GPT는 모르기 때문에 코드를 완성한 다음 쿼리문을 테이블 값인 BTC_KRW로 수
정하였습니다. 챗GPT는 저장된 형식 등을 알 수가 없기 때문에 값을 수정하여 사용하였습니다.

 파이썬에서 ('2023-03-05 11:14:11.199107', 30048000) 형식의 upbit.db 데이터베이스 파일이 있어. 날
짜시간, 금액으로 표시되었는데 이 데이터베이스에서 값을 읽어 그래프를 그리는 코드를 작성해줘

 파이썬에서 SQLite3 모듈을 사용하여 데이터베이스에서 값을 읽어올 수 있습니다. 우선 데이터베이스
파일에 연결한 후, 데이터를 쿼리하여 필요한 데이터를 가져올 수 있습니다. 그런 다음 가져온 데이터
를 matplotlib 라이브러리를 사용하여 그래프로 그려줄 수 있습니다.
다음은 예시 코드입니다.

```python
import sqlite3
import matplotlib.pyplot as plt
import matplotlib.dates as mdates

# 데이터베이스 파일에 연결
conn = sqlite3.connect(r'26.데이터베이스의 데이터 읽어 그래프 그리기\upbit.db')

# 쿼리문 작성
query ='SELECT * FROM BTC_KRW'

# 데이터 가져오기
cur = conn.cursor()
cur.execute(query)
rows = cur.fetchall()

# 날짜와 금액을 분리하여 리스트에 저장
dates = [row[0] for row in rows]
amounts = [row[1] for row in rows]

# 그래프 그리기
fig, ax = plt.subplots()
ax.plot_date(dates, amounts, '-')
ax.set_xlabel('Date')
ax.set_ylabel('Amount')
ax.set_title('Upbit Data')
plt.show()

# 연결 종료
conn.close()
```

위 코드에서는 upbit.db파일을 연결한 후, my_table테이블에서 데이터를 쿼리하여 가져옵니다. 그리고 날짜와 금액을 각각 dates와 amounts 리스트에 저장하고, mdates.date2num() 함수를 사용하여 날짜를 x 축에 맞는 형식으로 변환합니다. 마지막으로 matplotlib 라이브러리의 plot_date() 함수를 사용하여 그래프를 그리고 xlabel(), ylabel(), title() 함수를 사용하여 그래프의 라벨과 제목을 설정합니다.

실행결과

[▷ Python 파일 실행] 버튼을 클릭하여 코드를 실행합니다.
데이터베이스에서 읽어 그래프를 그렸습니다.

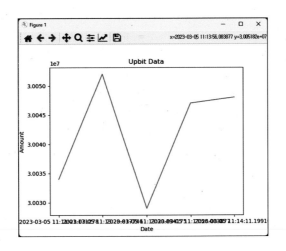

막대 그래프 그리기

다른 그래프를 그릴 수 있을까 질문을 하였더니 몇 가지 형식의 그래프를 추가하여 보여주었습니다.
그중 막대그래프 입니다.

 다른 형태의 그래프를 그릴 수 있도록 해줘

 막대 그래프(Bar Plot)는 카테고리 별로 그룹화된 데이터를 시각화하기 위해 사용하는 그래프입니다.
matplotlib 라이브러리에서 bar() 함수를 사용하여 그릴 수 있습니다.

main26-2.py

```python
import sqlite3
import matplotlib.pyplot as plt

# 데이터베이스 파일에 연결
conn = sqlite3.connect(r'26.데이터베이스의 데이터 읽어 그래프 그리기\upbit.db')

# 쿼리문 작성
query ='SELECT * FROM BTC_KRW'

# 데이터 가져오기
cur = conn.cursor()
cur.execute(query)
rows = cur.fetchall()

# 날짜와 금액을 분리하여 리스트에 저장
dates = [row[0] for row in rows]
amounts = [row[1] for row in rows]

# 그래프 그리기
fig, ax = plt.subplots()
ax.bar(dates, amounts)
ax.set_xlabel('Date')
```

```
ax.set_ylabel('Amount')
ax.set_title('Upbit Data')
plt.show()

# 연결 종료
conn.close()
```

위 코드에서는 bar() 함수를 사용하여 막대 그래프를 그리고 dates 리스트를 x 축에, amounts 리스트를 y 축에 사용합니다.

실행결과

[▷ Python 파일 실행] 버튼을 클릭하여 코드를 실행합니다.
막대그래프를 그렸습니다.

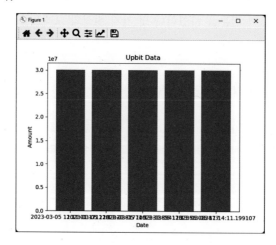

산점도 그래프 그리기

다른 그래프를 그릴 수 있을까 질문을 하였더니 몇 가지 형식의 그래프를 추가하여 보여주었습니다.
그중 산점도 그래프 입니다. 산점도 그래프 시세 등을 보여주기에는 가독성이 좋지 않습니다.

 다른형태의 그래프를 그릴 수 있도록 해줘

 산점도 (Scatter Plot)는 두 변수간의 관계를 나타내기 위해 사용하는 그래프입니다. matplotlib 라이브
러리에서 scatter() 함수를 사용하여 그릴 수 있습니다.

```python
import sqlite3
import matplotlib.pyplot as plt

# 데이터베이스 파일에 연결
conn = sqlite3.connect(r'26.데이터베이스의 데이터 읽어 그래프 그리기\upbit.db')

# 쿼리문 작성
query ='SELECT * FROM BTC_KRW'

# 데이터 가져오기
cur = conn.cursor()
cur.execute(query)
rows = cur.fetchall()

# 날짜와 금액을 분리하여 리스트에 저장
dates = [row[0] for row in rows]
amounts = [row[1] for row in rows]

# 그래프 그리기
fig, ax = plt.subplots()
ax.scatter(dates, amounts, s=10)
ax.set_xlabel('Date')
ax.set_ylabel('Amount')
ax.set_title('Upbit Data')
plt.show()

# 연결 종료
conn.close()
```

위 코드에서는 scatter() 함수를 사용하여 산점도를 그리고 s인자를 사용하여 마커의 크기를 설정합니다.

실행결과

[▶ Python 파일 실행] 버튼을 클릭하여 코드를 실행합니다.

산점도 그래프를 그렸습니다. 산점도형태의 그래프는 비트코인의 시세를 그리기에는 맞지 않습니다.

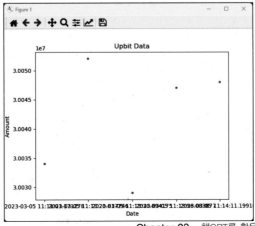

27 로또번호 생성기

프로그램 설명 무작위의 6개의 번호를 생성하여 보여주는 로또번호 생성기 프로그램을 만들어봅니다.

폴더와 파일 생성하기

[챗GPT로 만드는 파이썬 작품들] 폴더에 [27.로또번호 생성기] 폴더를 생성 후 [main27-1.py], [main27-2.py] 파일을 생성합니다.

로또번호 생성기 만들기

로또번호 생성기를 만들어 달라고 요청하였더니 챗GPT는 로또의 규칙을 잘 알고 있어 자동으로 만들어주었습니다. 보통 많은 사람들이 알고 있는 내용은 질문을 구체적이 아닌 추상적으로 해도 좋은 결과를 얻을 수 있습니다. 다만 보편적인 내용이 아닌 경우 구체적으로 질문해야지 원하는 결과를 얻을 수 있습니다.

 파이썬으로 로또번호를 생성하는 프로그램을 만들어줘

 좋아요! 파이썬으로 로또 번호 생성 프로그램을 만들어 보겠습니다.

---

main27-1.py

```python
import random

def generate_lotto_numbers():
    # 1부터 45까지 숫자 중에서 6개를 중복 없이 뽑아서 리스트로 반환
    numbers = random.sample(range(1, 46), 6)

    # 뽑은 숫자들을 오름차순으로 정렬
    numbers.sort()
    return numbers

print(generate_lotto_numbers())
```

이렇게 하면 1부터 45까지의 숫자 중에서 6개를 뽑아서 중복 없이 리스트에 담아 반환합니다. 반환된 리스트를 오름차순으로 정렬해서 출력해주면 로또 번호 생성 완료입니다.

실행결과

[▷ Python 파일 실행] 버튼을 클릭하여 코드를 실행합니다.
6개의 랜덤한 번호가 출력되었습니다.

```
[16, 22, 28, 30, 33, 44]
```

로또번호 생성기 GUI 프로그램 만들기

로또번호를 손쉽게 생성하기 위해서 GUI 프로그램으로 만들어달라고 요청하였습니다.

 파이썬으로 로또번호를 생성하는 간단한 GUI 프로그램을 만들어줘. 버튼을 누르면 번호를 생성해주는 기능이야. GUI의 크기는 300x200으로 해줘

 좋아요! 파이썬의 tkinter 모듈을 사용해서 간단한 로또 번호 생성 GUI 프로그램을 만들어 보겠습니다.

main27-2.py

```python
import tkinter as tk
import random

def generate_lotto_numbers():
    numbers = random.sample(range(1, 46), 6)
    numbers.sort()
    return numbers

def generate_and_display_numbers():
    numbers = generate_lotto_numbers()
    number_label.config(text=" ".join(str(num) for num in numbers))

# tkinter 윈도우 생성
window = tk.Tk()
window.title("로또 번호 생성기")
window.geometry("300x100")

# 버튼과 번호 출력 레이블 생성
button = tk.Button(text="번호 생성", command=generate_and_display_numbers)
number_label = tk.Label(text="")
number_label.pack()

# 버튼과 번호 출력 레이블 배치
button.pack(pady=10)
number_label.pack()
window.mainloop()
```

위 코드에서 generate_lotto_numbers() 함수는 앞서 작성한 함수와 같이 1부터 45까지의 숫자 중에서 6개를 중복 없이 뽑아서 리스트로 반환합니다. generate_and_display_numbers() 함수는 이 함수를 호출해서 뽑은 숫자들을 텍스트로 변환한 다음, 레이블에 출력합니다.

tkinter 모듈을 사용해서 윈도우를 생성하고, 버튼과 번호 출력 레이블을 생성한 다음 배치합니다. 버튼을 누르면 generate_and_display_numbers() 함수가 호출되어 번호가 생성되고 레이블에 출력됩니다. 이렇게 하면 간단한 로또 번호 생성 GUI 프로그램이 완성됩니다!

실행결과

[▷ Python 파일 실행] 버튼을 클릭하여 코드를 실행합니다.
[번호 생성]을 누르면 무작위번호가 생성되는 프로그램을 완성하였습니다.

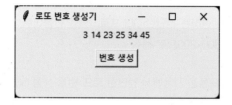

28 컴퓨터 예약종료 프로그램

프로그램 설명 컴퓨터를 원하는 시간 뒤에 예약을 종료하는 프로그램을 만들어봅니다.

폴더와 파일 생성하기

[챗GPT로 만드는 파이썬 작품들] 폴더에 [28.컴퓨터 예약종료 프로그램] 폴더를 생성 후 [main28-1.py], [main28-2.py] 파일을 생성합니다.

컴퓨터 예약종료 프로그램 만들기

컴퓨터를 예약종료 할 수 있는 프로그램을 요청하였습니다. 분을 입력하면 입력한 분 뒤에 컴퓨터가 자동으로 종료되는 예약프로그램을 만들었습니다.

 파이썬으로 컴퓨터 예약종료 프로그램을 만들어줘

 안녕하세요! 파이썬으로 컴퓨터 예약종료 프로그램을 만들어드리겠습니다.
아래 코드를 참고해주세요. 코드는 Python 3 기준으로 작성되었습니다.

main28-1.py
```python
import os

def shutdown():
    """컴퓨터를 종료하는 함수"""
    os.system("shutdown /s /t 1")

def cancel_shutdown():
    """컴퓨터 종료 예약을 취소하는 함수"""
    os.system("shutdown /a")

def main():
    """프로그램의 메인 함수"""
    print("컴퓨터를 몇 분 후에 종료하시겠습니까?")
    print("(종료 예약을 취소하려면 '취소'라고 입력하세요.)")
    while True:
        user_input = input("분: ")
        if user_input.isdigit():
```

```
            minutes =int(user_input)
            if minutes >0:
                os.system(f"shutdown /s /t {minutes * 60}")
                print(f"{minutes}분 후에 컴퓨터가 종료됩니다.")
            break
            else:
                print("0 이상의 숫자를 입력하세요.")
        elif user_input =="취소":
            cancel_shutdown()
            print("컴퓨터 종료 예약이 취소되었습니다.")
            break
        else:
            print("유효한 입력이 아닙니다. 다시 입력해주세요.")

if __name__ =="__main__":
    main()
```

이 프로그램은 사용자가 입력한 시간(분) 후에 컴퓨터를 종료합니다. 사용자가 "취소"라고 입력하면 예약된 종료를 취소합니다.

위 코드에서 shutdown 함수는 바로 컴퓨터를 종료하는 기능을 수행하고, cancel_shutdown 함수는 예약된 종료를 취소하는 기능을 수행합니다. main 함수에서는 사용자로부터 시간을 입력받아 os.system 함수를 사용하여 예약된 종료를 실행합니다. 사용자가 "취소"라고 입력하면 cancel_shutdown 함수를 호출하여 예약된 종료를 취소합니다.

컴퓨터를 종료하는 명령어는 운영체제마다 다를 수 있으므로, 위 코드는 Windows 운영체제에서 실행될 수 있도록 shutdown 명령어를 사용하였습니다. MacOS나 Linux에서는 다른 명령어를 사용해야 합니다.

실행결과

[▷ Python 파일 실행] 버튼을 클릭하여 코드를 실행합니다.
프로그램을 실행 후 분을 입력하면 입력한 분 후에 종료됩니다.

```
컴퓨터를 몇 분 후에 종료하시겠습니까?
(종료 예약을 취소하려면 '취소'라고 입력하세요.)
분: 40
40분 후에 컴퓨터가 종료됩니다.
```

오른쪽 아래 예약 종료된 알림이 출력됩니다.

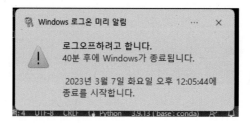

취소하고 싶다면 프로그램을 다시 실행 후 취소를 입력하여 취소합니다.

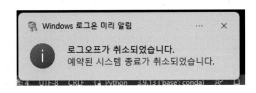

종료가 취소되었습니다.

컴퓨터 예약종료 GUI 프로그램 만들기

컴퓨터의 예약종료 프로그램을 GUI 프로그램으로 요청하였습니다. GUI 프로그램이 너무 작게 되어 있는 경우가 있어. GUI의 크기를 지정하여 질문하였습니다. GUI크기의 결과가 마음에 들지 않는다면 완성된 코드에서 GUI의 크기를 변경하여 사용합니다.

 파이썬으로 컴퓨터 예약종료 프로그램을 만들어줘. 간단한 GUI 프로그램으로 만들어줘. GUI의 크기는 300x200이야

안녕하세요! 파이썬으로 간단한 GUI를 이용한 컴퓨터 예약종료 프로그램을 만들어드리겠습니다.
먼저, 이 프로그램을 만들기 위해 tkinter 모듈을 사용할 것입니다. tkinter 모듈은 파이썬에서 기본적으로 제공하는 GUI 라이브러리입니다.
아래는 GUI를 이용한 컴퓨터 예약종료 프로그램의 전체 코드입니다. 코드는 Python 3 기준으로 작성되었습니다.

main28-2.py

```python
import os
import tkinter as tk
import tkinter.messagebox

class ShutdownApp:
    def __init__(self, master):
        self.master = master
        master.title("컴퓨터 예약종료")
        master.geometry("300x200")
        master.resizable(False, False)
        self.minutes_label = tk.Label(master, text="종료 예약할 시간(분):")
        self.minutes_label.pack(pady=10)
        self.minutes_entry = tk.Entry(master, width=10)
        self.minutes_entry.pack(pady=10)
        self.cancel_button = tk.Button(master, text="예약 취소", command=self.cancel_shutdown)
        self.cancel_button.pack(pady=10)
        self.shutdown_button = tk.Button(master, text="종료 예약", command=self.shutdown)
```

```
            self.shutdown_button.pack(pady=10)

    def shutdown(self):
        """컴퓨터를 종료하는 함수"""
        minutes =self.minutes_entry.get()
            if minutes.isdigit() and int(minutes) >0:
                os.system(f"shutdown /s /t {int(minutes) * 60}")
                message = f"{minutes}분 후에 컴퓨터가 종료됩니다."
                self.show_message(message)
            else:
                message ="올바른 값을 입력하세요."
                self.show_message(message)

    def cancel_shutdown(self):
        """컴퓨터 종료 예약을 취소하는 함수"""
        os.system("shutdown /a")
        self.show_message("컴퓨터 종료 예약이 취소되었습니다.")

    def show_message(self, message):
        """메시지를 보여주는 함수"""
        tk.messagebox.showinfo("알림", message)

if __name__ =="__main__":
    root = tk.Tk()
    app = ShutdownApp(root)
    root.mainloop()
```

위 코드에서 ShutdownApp 클래스는 GUI 프로그램을 만드는 역할을 합니다. __init__ 메서드에서는 윈도우 창의 타이틀, 크기 등을 설정하고, Label, Entry, Button위젯을 생성합니다.
shutdown메서드는 사용자가 입력한 시간(분) 후에 컴퓨터를 종료하는 기능을 수행합니다. cancel_shutdown메서드는 예약된 종료를 취소하는 기능을 수행합니다.

실행결과

[▶ Python 파일 실행] 버튼을 클릭하여 코드를 실행합니다.
컴퓨터를 예약 종료하는 프로그램을 완성하였습니다.

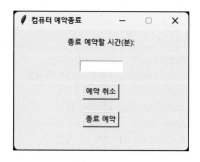

프로그램 만들기 29 음식 추천 프로그램

프로그램 설명 | 음식을 추천하는 프로그램을 만들어봅니다.

폴더와 파일 생성하기

[챗GPT로 만드는 파이썬 작품들] 폴더에 [29.음식 추천 프로그램] 폴더를 생성 후 [main29-1.py], [main29-2.py] 파일을 생성합니다.

음식 추천 프로그램 만들기

파이썬으로 음식을 추천하는 프로그램을 만들어달라고 요청하였습니다. 결과적으로 한식, 중식, 일식, 기타로 나누어 랜덤으로 추천하는 프로그램을 완성하였습니다.

 파이썬으로 음식 추천 프로그램을 만들어줘

 좋아요! 음식 추천 프로그램을 만들어 보겠습니다.
우선, 사용자로부터 좋아하는 음식의 종류를 입력 받고, 그에 따라 음식을 추천해주는 프로그램을 만들어 보겠습니다.

main29-1.py

```python
import random

# 사용자로부터 입력 받기
favorite_food = input("좋아하는 음식을 입력하세요: ")

# 추천할 음식 리스트 만들기
if favorite_food =="한식":
    food_list = ["비빔밥", "불고기", "갈비탕", "된장찌개", "김치찌개"]
elif favorite_food == " 중식":
    food_list = ["짜장면", "짬뽕", "탕수육", "양장피", "마파두부"]
elif favorite_food =="일식":
    food_list = ["초밥", "라멘", "우동", "덮밥", "회"]
else:
    food_list = ["피자", "파스타", "햄버거", "치킨", "샐러드"]
```

```
# 추천할 음식 랜덤으로 선택하기
recommended_food = random.choice(food_list)

# 추천 결과 출력하기
print("추천하는 음식은", recommended_food, "입니다!")
```

이 프로그램은 사용자로부터 좋아하는 음식 종류를 입력 받고, 해당하는 음식 종류에 따라 추천할 음식 리스트를 만듭니다. 그리고 그 리스트 중 랜덤으로 음식을 선택하여 추천 결과를 출력합니다. 추가적으로, 사용자로부터 입력 받은 음식 종류에 따라 추천할 음식 리스트를 더 세분화하여 만들 수도 있습니다. 예를 들어, "한식"을 입력 받았을 때 "밥"과 "국"으로 나누어 각각 추천할 음식 리스트를 만들어 추천할 음식을 더 정확하게 선택할 수 있습니다.

실행결과

[▷ Python 파일 실행] 버튼을 클릭하여 코드를 실행합니다.
좋아하는 음식의 종류를 입력하면 음식을 추천합니다.

```
좋아하는 음식을 입력하세요: 한식
추천하는 음식은 불고기 입니다!
```

기분에 따른 음식 추천 프로그램 만들기

기분에 따른 음식을 추천하는 프로그램을 요청하였습니다. 몇 가지의 기분상태를 입력받아 음식을 추천하였습니다.

 파이썬으로 기분상태에 따른 음식 추천 프로그램을 만들어줘

 좋아요! 기분 상태에 따른 음식 추천 프로그램을 만들어 보겠습니다.
우선, 사용자로부터 기분 상태를 입력 받고, 그에 따라 추천할 음식을 제시하는 프로그램을 만들어 보겠습니다.

main29-2.py

```
import random

# 사용자로부터 입력 받기
mood = input("오늘 기분은 어떠세요? (기쁨, 슬픔, 화남, 지침, 무기력): ")

# 추천할 음식 리스트 만들기
if mood =="기쁨":
    food_list = ["아이스크림", "케이크", "파이", "초콜릿", "딸기"]
elif mood =="슬픔":
```

```
        food_list = ["치즈케이크", "초콜릿케이크", "아이스크림", "초콜릿", "커피"]
elif mood =="화남":
        food_list = ["매운 음식", "떡볶이", "김치찌개", "된장찌개", "라면"]
elif mood =="지침":
        food_list = ["보양식", "감자탕", "삼계탕", "영양밥", " 비빔밥"]
else:
        food_list = ["샐러드", " 스무디", "과일", "토스트", "샌드위치"]

# 추천할 음식 랜덤으로 선택하기
recommended_food = random.choice(food_list)

# 추천 결과 출력하기
print("오늘 기분에 따라 추천하는 음식은", recommended_food, "입니다!")
```

이 프로그램은 사용자로부터 기분 상태를 입력 받고, 해당하는 기분 상태에 따라 추천할 음식 리스트를 만듭니다. 그리고 그 리스트 중 랜덤으로 음식을 선택하여 추천 결과를 출력합니다.

추가적으로, 사용자로부터 입력 받은 기분 상태에 따라 추천할 음식 리스트를 더 세분화하여 만들수도 있습니다. 예를 들어, "지침"을 입력 받았을 때 "보양식"을 더 세부적으로 나누어 추천할 음식 리스트를 만들어 추천할 음식을 더 정확하게 선택할 수 있습니다.

실행결과

[▷ Python 파일 실행] 버튼을 클릭하여 코드를 실행합니다.

기분 상태를 입력하면 음식을 추천하는 프로그램을 완성하였습니다.

```
오늘 기분은 어떠세요? (기쁨, 슬픔, 화남, 지침, 무기력): 기쁨
오늘 기분에 따라 추천하는 음식은 아이스크림 입니다!
```

프로그램 만들기 **30** 단어 암기 프로그램

프로그램 설명 영어단어를 암기할 수 있도록 퀴즈를 내는 프로그램을 만들어봅니다.

폴더와 파일 생성하기

[챗GPT로 만드는 파이썬 작품들] 폴더에 [30.단어 암기 프로그램] 폴더를 생성 후 [main30-1.py], [main30-2.py], [main23-3.py] 파일을 생성합니다.

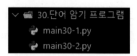

단어 암기 프로그램 만들기

영어 단어를 암기할 때 도와주는 프로그램을 요청하였습니다.

 파이썬으로 일상생활에 많이 쓰이는 단어를 암기할 수 있는 프로그램을 만들어줘

 파이썬으로 일상생활에 많이 쓰이는 단어를 암기할 수 있는 프로그램을 만들어드리겠습니다. 이 프로그램은 콘솔 창에서 실행되며, 단어와 뜻이 섞인 퀴즈를 풀면서 단어를 암기할 수 있도록 도와줍니다.

---
main30-1.py

```python
# random 모듈을 import합니다.
import random

# 영어 단어와 뜻이 들어있는 dictionary를 만듭니다.
dictionary = {
    "apple": "사과",
    "banana": "바나나",
    "carrot": "당근",
    "dog": "개",
    "elephant": "코끼리",
    "flower": "꽃",
    "guitar": "기타",
    "house": "집",
    "ice cream": "아이스크림",
    "jacket": "재킷"
}

# 퀴즈를 만드는 함수를 정의합니다.
def quiz():
```

```
    # dictionary에서 무작위로 단어와 뜻을 선택합니다.
    word, meaning = random.choice(list(dictionary.items()))
    # 사용자에게 단어의 뜻을 물어봅니다.
    answer = input(f"{word}의 뜻은 무엇일까요? ")
    # 사용자가 입력한 답과 정답을 비교하여 결과를 출력합니다.
    if answer == meaning:
        print("정답입니다!")
    else:
        print(f"틀렸습니다. 정답은 {meaning}입니다.")

# 메인 프로그램을 실행합니다.
if __name__ =="__main__":
# 퀴즈를 5번 반복합니다.
for i in range(5):
quiz()
```

이제 위 코드를 실행하면, 단어와 뜻이 섞인 퀴즈가 5번 나오게 됩니다. 퀴즈를 풀면서 일상생활에 자주 사용되는 단어들을 암기할 수 있습니다. 또한, 사전에 새로운 단어와 뜻을 추가하거나 수정하여 사용할 수 있습니다.

실행결과

[▷ Python 파일 실행] 버튼을 클릭하여 코드를 실행합니다.
단어를 질문하고 입력하는 프로그램을 만들었습니다.

```
jacket의 뜻은 무엇일까요? 재킷
정답입니다!
flower의 뜻은 무엇일까요? 코끼리
틀렸습니다. 정답은 꽃입니다.
guitar의 뜻은 무엇일까요? █
```

파일에서 읽어 퀴즈를 내는 단어 암기 프로그램 만들기

파이썬 코드로는 단어의 수를 늘리기에는 한계가 있어 파일에서 읽어 단어의 퀴즈를 내는 단어암기 프로그램을 요청하였습니다. 파일의 경로까지 구체적으로 질문하였습니다.

 파이썬으로 30.단어 암기 프로그램₩단어.txt 파일에 영어 단어와 뜻을 저장하고 불러와 암기할 수 있는 프로그램을 만들어줘

 filename으로 전달된 파일을 열어서 한 줄씩 읽어온 뒤, ":"를 기준으로 단어와 뜻을 분리하여 words 딕셔너리에 저장합니다. 이제 퀴즈를 만드는 함수를 만들어보겠습니다.

main30-2.py

```
import random
def load_words(filename):
    words = {}
    with open(filename, "r", encoding="utf-8") as f:
```

```
        for line in f:
            word, meaning = line.strip().split(":")
            words[word] = meaning
        return words

def quiz(words):
    word_list = list(words.keys())
    random.shuffle(word_list)
    for word in word_list:
        meaning = words[word]
        answer = input(f"{word}의 뜻은 무엇일까요? ")
        if answer == meaning:
            print("정답입니다!")
        else:
            print(f"틀렸습니다. 정답은 {meaning}입니다.")

if __name__ =="__main__":
    filename = r"30.단어 암기 프로그램\단어.txt"
    words = load_words(filename)
    quiz(words)
```

위 코드를 실행하면, 파일에서 단어와 뜻을 읽어 와서 사용자에게 퀴즈를 내는 프로그램이 실행됩니다. 이 프로그램을 실행하면 콘솔 창에서 단어와 뜻이 섞인 퀴즈가 출력되고, 사용자가 답을 입력하면 정답 여부가 출력됩니다. 단어 파일에 단어.txt 파일을 생성합니다.

영어단어: 뜻을 입력합니다. :(콜론)을 기준으로 단어와 뜻을 입력합니다.

실행결과

[▶ Python 파일 실행] 버튼을 클릭하여 코드를 실행합니다.

단어.txt 파일에서 단어를 읽어와 퀴즈를 내는 단어암기 프로그램을 완성하였습니다.

프로그램 만들기 31 자동백업 프로그램 만들기

프로그램 설명 파일을 주기적으로 자동으로 백업하는 파일 자동백업 프로그램을 만들어봅니다.

폴더와 파일 생성하기

[챗GPT로 만드는 파이썬 작품들] 폴더에 [31.자동백업프로그램 만들기] 폴더를 생성 후 [main31-1.py], [main31-2.py] 파일을 생성합니다.

테스트폴더 및 파일 생성

[백업폴더] 와 [원본폴더]를 생성 후 [원본폴더]는 파일1.txt, 파일2.txt 파일을 생성합니다.
원본 폴더의 파일들을 백업폴더로 백업할 예정입니다.

파일 및 폴더 백업하기

파일을 자동으로 백업하는 프로그램을 요청하였습니다. 다만 백업 프로그램만을 요청하였을 경우 동작하지 않는 라이브러리를 추천하여 손쉽게 사용할 수 있는 라이브러리인 distutils.dir_util의 copy_tree 라이브러리를 사용해달라고 요청하였습니다.

 파이썬으로 폴더 및 파일을 백업프로그램 할 수 있는 프로그램을 만들어줘. distutils.dir_util의 copy_tree를 사용해줘

 아래는 distutils.dir_util의 copy_tree를 사용하여 폴더와 파일을 백업하는 파이썬 프로그램입니다. 이 프로그램은 source_dir의 모든 폴더와 파일을 target_dir로 복사합니다.

```python
import os
from distutils.dir_util import copy_tree

source_dir = r'C:\0_project\173.챗GPT로 만드는 파이썬과 40개의 작품들\챗GPT로 만드는 파이썬 작품
들\31.자동백업프로그램 만들기\원본폴더'# 복사할 폴더의 경로
target_dir = r'C:\0_project\173.챗GPT로 만드는 파이썬과 40개의 작품들\챗GPT로 만드는 파이썬 작품
들\31.자동백업프로그램 만들기\백업폴더'# 복사될 대상 폴더의 경로

if not os.path.exists(target_dir):
    os.makedirs(target_dir) # 대상 폴더가 없을 경우 폴더를 생성합니다.
copy_tree(source_dir, target_dir) # source_dir의 모든 파일과 폴더를 target_dir로 복사합니다.

print("백업이 완료되었습니다!") # 백업이 완료되면 출력되는 메시지입니다.
```

프로그램을 실행하기 전에, source_dir과 target_dir을 각각 본인이 백업하려는 폴더와 백업할 폴더 경로로 바꿔주시면 됩니다. 만약 target_dir이 존재하지 않으면, os.makedirs() 함수를 사용하여 폴더를 생성합니다. 마지막으로, copy_tree() 함수를 사용하여 source_dir의 모든 파일과 폴더를 target_dir로 복사합니다. 프로그램이 실행되면 "Backup completed!"라는 메시지가 출력됩니다.

실행결과

[▷ Python 파일 실행] 버튼을 클릭하여 코드를 실행합니다.
원본폴더의 내용이 백업폴더로 복사되었습니다.

파일 및 폴더 GUI 백업 프로그램 만들기

프로그램을 손쉽게 사용할 수 있도록 GUI 형태의 프로그램으로 요청하였습니다.

 파이썬으로 폴더 및 파일을 백업프로그램 할 수 있는 간단한 GUI 프로그램을 만들어줘. distutils.dir_util 의 copy_tree를 사용해줘. GUI의 크기는 300x200으로 해줘. 원본폴더와 대상폴더를 선택할 수 있고. 백업시작 버튼을 누르면 백업이 되게 해줘

 아래는 Tkinter를 사용하여 폴더와 파일을 백업하는 간단한 GUI 프로그램입니다. 이 프로그램은 distutils.dir_util의 copy_tree 함수를 사용하여 원본 폴더를 대상 폴더로 복사합니다. 프로그램의 크기 는 300x200으로 설정되며, "Choose Source Folder" 및 "Choose Target Folder" 버튼을 사용하여 원 본 폴더 및 대상 폴더를 선택할 수 있습니다. "Backup" 버튼을 누르면 프로그램이 실행되며, 백업이 완료되면 "Backup completed!" 메시지가 표시됩니다.

main31-2.py

```python
import os
from tkinter import *
from tkinter import filedialog
from distutils.dir_util import copy_tree

root = Tk()
root.geometry('300x200') # 프로그램의 크기를 설정합니다.
root.title('백업 프로그램')

source_dir ='' # 원본 폴더의 경로를 저장하는 변수입니다.
target_dir ='' # 백업 대상 폴더의 경로를 저장하는 변수입니다.

def choose_source_folder():
    global source_dir
    source_dir = filedialog.askdirectory() # 파일 대화상자를 통해 원본 폴더를 선택합니다.
    source_label.config(text=source_dir)

def choose_target_folder():
    global target_dir
    target_dir = filedialog.askdirectory() # 파일 대화상자를 통해 백업 대상 폴더를 선택합니다.
    target_label.config(text=target_dir)

def backup():
    if source_dir and target_dir:
        copy_tree(source_dir, target_dir) # distutils.dir_util의 copy_tree 함수를 사용하여 원본 폴
더를 대상 폴더로 복사합니다.
        result_label.config(text="백업이 완료되었습니다!")
    else:
        result_label.config(text="원본 폴더와 대상 폴더를 선택해주세요.")
```

```
source_button = Button(root, text="원본 폴더 선택", command=choose_source_folder)
source_button.pack(pady=10)

source_label = Label(root, text="원본 폴더")
source_label.pack()

target_button = Button(root, text="대상 폴더 선택", command=choose_target_folder)
target_button.pack(pady=10)

target_label = Label(root, text="대상 폴더")
target_label.pack()

backup_button = Button(root, text="백업 시작", command=backup)
backup_button.pack(pady=10)

result_label = Label(root, text="")
result_label.pack()

root.mainloop()
```

프로그램을 실행하기 전에, distutils.dir_util 모듈을 설치해야합니다. 명령 프롬프트나 터미널에서 "pip install distutils"명령을 사용하여 설치할 수 있습니다. 프로그램을 실행하면 "Choose Source Folder" 및 "Choose Target Folder" 버튼이 표시됩니다. 각 버튼을 사용하여 원본 폴더와 대상 폴더를 선택하고, "Backup" 버튼을 눌러 백업을 시작할 수 있습니다. 프로그램이 실행되면 "Backup completed!" 메시지가 표시됩니다.

실행결과

[▷ Python 파일 실행] 버튼을 클릭하여 코드를 실행합니다.
파일 및 폴더를 백업하는 GUI 프로그램을 완성하였습니다.

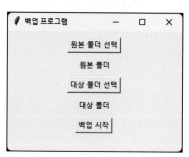

프로그램 만들기 **32 이미지에서 글자 추출하기**

프로그램 설명 OCR을 이용하여 이미지에서 글자를 추출하여 출력하는 프로그램을 만들어봅니다.

폴더와 파일 생성하기

[챗GPT로 만드는 파이썬 작품들] 폴더에 [32.이미지에서 글자추출하기] 폴더를 생성 후 [main32-1.py], [main32-2.py] 파일을 생성합니다.

OCR 프로그램 설치하기

visual c++설치

구글에서 visual c++을 검색 후 아래의 사이트에 접속합니다.

visual c++을 다운로드 받아 설치합니다.

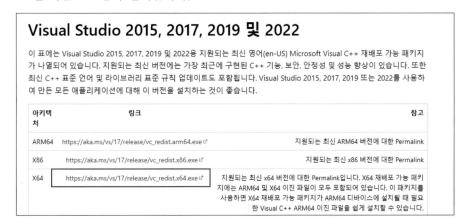

OCR 프로그램을 아래사이트에 접속 후 다운로드 받습니다.

https://github.com/UB-Mannheim/tesseract/wiki

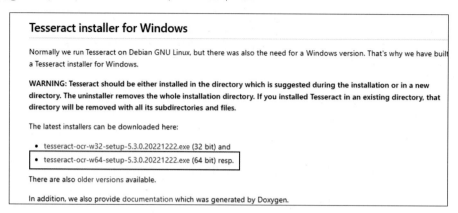

설치 시에 language 부분에서 korean은 체크 후 설치를 진행합니다. 한국어를 적용하는 과정입니다.

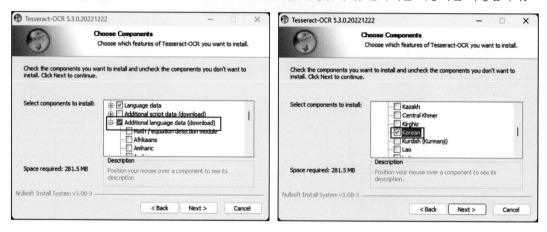

라이브러리 설치하기

다음의 명령어를 터미널에 입력하여 OCR 을 설치합니다.

```
pip install pytesseract
```

이미지를 텍스트로 변환하기

이미지에서 글자를 추출하는 코드를 요청하였습니다. OCR이라는 기능을 이용해서 추출할 수 있다는 방법을 챗GPT가 알려주었습니다. 설치방법 또한 챗GPT가 알려주었습니다. 프로그램의 코드 외에도 프로그램 설치방법 라이브러리 설치하기 방법 등을 질문하여 원하는 결과를 얻을 수 있습니다.

파이썬으로 이미지에서 글자를 추출하는 프로그램을 만들어줘

 이미지에서 글자를 추출하는 것은 OCR (Optical Character Recognition) 기술을 사용하여 가능합니다. 파이썬에서는 Tesseract OCR 엔진을 사용할 수 있습니다.

아래는 Tesseract OCR을 사용하여 이미지에서 글자를 추출하는 간단한 파이썬 코드 예시입니다. 이 코드를 실행하기 전에 먼저 Tesseract OCR 엔진을 설치해야 합니다.

---

main32-1.py

```python
import pytesseract
from PIL import Image

pytesseract.pytesseract.tesseract_cmd = r'C:\Program Files\Tesseract-OCR\tesseract.exe'

# 이미지 불러오기
image = Image.open(r'32.이미지에서 글자추출하기\img.png')

# 이미지에서 텍스트 추출
text = pytesseract.image_to_string(image, lang='kor')

# 추출된 텍스트 출력
print(text)
```

이 코드에서 pytesseract모듈은 Tesseract OCR을 파이썬에서 사용할 수 있게 해주는 라이브러리이며, PIL 모듈은 이미지 처리를 위한 라이브러리입니다. image_to_string() 함수는 이미지에서 텍스트를 추출하는 함수이며, lang매개 변수를 사용하여 추출할 언어를 설정할 수 있습니다.

이 코드를 실행하면 이미지에서 추출된 텍스트가 출력됩니다. 만약 이미지에서 추출된 텍스트가 정확하지 않다면, 이미지 전처리를 통해 이미지의 품질을 개선하거나 Tesseract OCR의 설정을 조정해볼 수 있습니다.

한국어 글자가 적힌 이미지 파일을 준비한 다음 img.png 파일의 이름으로 저장합니다.

예제는 다음과 같은 글자가 적힌 이미지를 사용하였습니다.

> 파이썬으로 이미지에서 글자추출하는 프로그램을 만들어줘
>
> 이미지에서 글자를 추출하는 것은 OCR (Optical Character Recognition) 기술을 사용하여 가능합니다. 파이썬에서는 Tesseract OCR 엔진을 사용할 수 있습니다.
>
> 아래는 Tesseract OCR을 사용하여 이미지에서 글자를 추출하는 간단한 파이썬 코드 예시입니다. 이 코드를 실행하기 전에 먼저 Tesseract OCR 엔진을 설치해야 합니다.

img.png 파일로 저장하였습니다.

실행결과

[▷ Python 파일 실행] 버튼을 클릭하여 코드를 실행합니다.
한국어를 텍스트로 변환하였습니다.

```
파이썬으로 이미지에서 글자추출하는 프로그램을 만들어줘

이미지에서 글자를 추출하는 것은 0 (20408 18030 060090□10400) 기술을 사용하여
가능합니다. 파이썬에서는 15560 00 엔진을 사용할 수 있습니다.

아래는 16556180 0대(를 사용하여 이미지에서 글자를     는
니다. 이 코드를 실행하기 전에 먼저 16556 0 엔진을 설치해야 합니다.
```

이미지를 텍스트로 변환하는 GUI 프로그램 만들기

이미지를 텍스트로 손쉽게 변환 할 수 있도록 GUI 프로그램으로 요청하였습니다. 보통 간단한 이라는 키워드를 사용하면 tkinter로 만들어주었습니다. 다른 GUI를 원한다면 원하는 GUI 프로그램으로 만들어 달라고 요청합니다.

 파이썬으로 이미지를 선택하고 영어, 한국어를 선택해서 변환하는 간단한 GUI 프로그램을 만들어줘. GUI의 크기는 500x300으로 해줘

 간단한 GUI 프로그램을 만드는 데는 여러 가지 방법이 있지만, 여기서는 tkinter를 사용하여 이미지를 선택하고 추출할 언어를 선택하는 프로그램을 만들어 보겠습니다.

---

main32-2.py

```python
import tkinter as tk
from tkinter import filedialog
from PIL import Image
import pytesseract

pytesseract.pytesseract.tesseract_cmd = r'C:\Program Files\Tesseract-OCR\tesseract.exe'

class OCRGUI:
    def __init__(self, master):
        self.master = master
        master.title('OCR 프로그램')
        master.geometry('700x700')
        self.image_path =''
        self.lang ='eng'
        self.label = tk.Label(master, text='이미지 선택', font=('Arial', 16))
        self.label.pack(pady=20)
        self.select_button = tk.Button(master, text='이미지 선택', command=self.select_image)
        self.select_button.pack(pady=10)
        self.lang_label = tk.Label(master, text='추출할 언어 선택', font=('Arial', 16))
        self.lang_label.pack(pady=20)
        self.lang_eng_button = tk.Button(master, text='영어', command=lambda: self.set_lang('eng'))
        self.lang_eng_button.pack(pady=10)
        self.lang_kor_button = tk.Button(master, text='한국어', command=lambda: self.set_lang('kor'))
        self.lang_kor_button.pack(pady=10)
```

```
            self.extract_button = tk.Button(master, text='텍스트 추출', command=self.extract_text)
            self.extract_button.pack(pady=20)
            self.text_label = tk.Label(master, text='', font=('Arial', 14))
            self.text_label.pack(pady=20)
        def select_image(self):
            self.image_path = filedialog.askopenfilename()
        def set_lang(self, lang):
            self.lang = lang
        def extract_text(self):
            if not self.image_path:
                self.text_label.config(text='이미지를 선택하세요.')
                return
            image = Image.open(self.image_path)
            text = pytesseract.image_to_string(image, lang=self.lang)
            self.text_label.config(text=text)

root = tk.Tk()
app = OCRGUI(root)
root.mainloop()
```

이 코드는 tkinter를 사용하여 간단한 GUI를 만들고, 이미지 선택과 추출할 언어 선택을 위한 버튼을 추가합니다. 선택된 이미지와 추출할 언어는 각각 self.image_path와 self.lang 변수에 저장됩니다. extract_text() 메서드에서는 선택된 이미지에서 텍스트를 추출하고, 결과를 self.text_label 라벨에 출력합니다.

위의 코드를 실행하면 500x300 크기의 GUI 창이 나타나고, '이미지 선택' 버튼과 '영어'/'한국어' 버튼, 그리고 '텍스트 추출' 버튼이 나타납니다. '이미지 선택' 버튼을 클릭하여 이미지를 선택하고, '영어' 또는 '한국어' 버튼을 클릭하여 추출할 언어를 선택한 후 '텍스트 추출' 버튼을 클릭하면 추출된 텍스트가 화면에 출력됩니다.

실행결과

[▷ Python 파일 실행] 버튼을 클릭하여 코드를 실행합니다.

이미지를 선택하여 이미지의 글자를 텍스트로 출력하는 GUI 프로그램을 완성하였습니다.

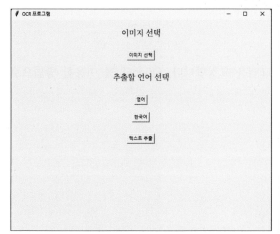
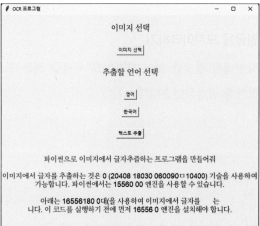

33 사진에서 얼굴만 찾아 모자이크 처리

> **프로그램 설명** 사진에서 얼굴만 찾아 모자이크 처리하여 다시 저장하는 프로그램을 만들어봅니다.

폴더와 파일 생성하기

[챗GPT로 만드는 파이썬 작품들] 폴더에 [33.사진에서 얼굴만 찾아 모자이크 처리] 폴더를 생성 후 [main33-1.py], [main33-2.py] 파일을 생성합니다.

라이브러리 설치하기

다음의 명령어를 입력하여 opencv를 설치합니다. opencv는 이미지처리를 위한 유명한 라이브러리 입니다.

```
pip install opencv-python
```

사진 준비하기

얼굴이 나온 사진을 2장 준비하고 photo.jpg, photo2.jpg로 이름을 변경합니다.

얼굴을 모자이크하기

사진에서 얼굴만 찾아 모자이크 처리를 하는 프로그램을 요청합니다. OpenCV를 이용한 방법으로 코드를 작성하였습니다.

파이썬으로 사진에서 얼굴만 찾아 모자이크 처리하는 프로그램을 만들어줘

 네, 얼굴 인식 및 모자이크 처리를 위해 파이썬을 사용하여 프로그램을 작성할 수 있습니다. 얼굴 인식을 위해서는 OpenCV, Dlib 등과 같은 라이브러리를 사용할 수 있습니다.

다음은 OpenCV를 사용하여 사진에서 얼굴을 인식하고 모자이크 처리하는 간단한 예제 코드입니다. 코드를 실행하기 전에 cv2numpy 라이브러리를 설치해야 합니다.

---

main33-1.py

```python
import cv2
import numpy as np
import os

os.chdir(os.path.dirname(os.path.abspath(__file__)))

# 이미지 불러오기
image = cv2.imread('photo.jpg')

# 얼굴 인식을 위한 분류기 불러오기
face_cascade = cv2.CascadeClassifier(cv2.data.haarcascades +'haarcascade_frontalface_default.xml')

# 그레이 스케일로 변환
gray = cv2.cvtColor(image, cv2.COLOR_BGR2GRAY)

# 얼굴 검출
faces = face_cascade.detectMultiScale(gray, 1.3, 5)

# 검출된 얼굴 모자이크 처리
for (x,y,w,h) in faces:
    # 얼굴 부분을 추출하여 모자이크 처리
    face_roi = image[y:y+h, x:x+w]
    face_roi = cv2.resize(face_roi, (50, 50))
    face_roi = cv2.resize(face_roi, (w, h), interpolation=cv2.INTER_AREA)
    image[y:y+h, x:x+w] = face_roi

# 결과 이미지 출력
cv2.imshow('image', image)
cv2.waitKey(0)
cv2.destroyAllWindows()
```

위 코드에서 image.jpg 파일은 모자이크 처리하려는 이미지 파일의 경로이며, haarcascade_frontalface_default.xml 파일은 얼굴 검출을 위한 분류기 파일입니다. 이 파일은 OpenCV 공식 GitHub에서 다운로드할 수 있습니다.

위 코드에서는 얼굴 부분을 50x50 크기로 축소한 후, 다시 원래 크기로 확대하여 모자이크 처리하고 있습니다. 이 과정을 통해 모자이크 효과를 적용할 부분을 흐릿하게 만들어 보호하는 것처럼 표시합니다.

더 자세한 내용은 OpenCV 라이브러리 문서를 참조하시기 바랍니다.

실행결과

[▷ Python 파일 실행] 버튼을 클릭하여 코드를 실행합니다.

얼굴을 찾아 모자이크 처리하였습니다.

폴더안의 사진 모두 얼굴을 찾아 모자이크 처리

한 장의 사진이 아닌 폴더안의 모든 사진에서 얼굴을 찾아 모자이크 처리를 하는 프로그램을 요청하였습니다. 파일이름 앞에 modify_를 붙여 새로운 이름으로 저장하여 확인할 수 있도록 요청하였습니다.

 같은 폴더 내에 .jpg와 .png 파일을 모두 찾아 모자이크 처리하고 modify_ 를 파일명 앞에 붙이는 프로그램을 만들어줘

 같은 폴더 내에 .jpg와 .png 파일을 찾고, 얼굴을 인식하여 모자이크 처리하고, 파일명 앞에 modify_를 추가하는 파이썬 코드를 작성해보겠습니다. 이를 위해 os, cv2, numpy 라이브러리가 필요합니다.

main33-2.py

```python
import cv2
import numpy as np

import os
os.chdir(os.path.dirname(os.path.abspath(__file__)))

# 현재 디렉토리 내 모든 파일 검색
for filename in os.listdir('.'):
    if filename.endswith('.jpg') or filename.endswith('.png'):
        # 이미지 파일 불러오기
```

```
image = cv2.imread(filename)
# 얼굴 인식을 위한 분류기 불러오기
face_cascade = cv2.CascadeClassifier(cv2.data.haarcascades +'haarcascade_frontalface_de-
fault.xml')
# 그레이 스케일로 변환
gray = cv2.cvtColor(image, cv2.COLOR_BGR2GRAY)
# 얼굴 검출
faces = face_cascade.detectMultiScale(gray, 1.3, 5)
# 검출된 얼굴 모자이크 처리
for (x, y, w, h) in faces:
    # 얼굴 부분을 추출하여 모자이크 처리
    face_roi = image[y:y+h, x:x+w]
    face_roi = cv2.resize(face_roi, (50, 50))
    face_roi = cv2.resize(face_roi, (w, h), interpolation=cv2.INTER_AREA)
    image[y:y+h, x:x+w] = face_roi
# 수정된 파일 저장
modified_filename ='modify_'+ filename
cv2.imwrite(modified_filename, image)
```

위 코드에서는 현재 디렉토리 내의 모든 파일을 검색하여 .jpg또는 .png확장자를 가진 이미지 파일
을 찾습니다. 각 이미지 파일에 대해 얼굴 인식 및 모자이크 처리를 수행하고, modify_를 파일명 앞
에 추가하여 수정된 파일을 저장합니다.

위 코드에서 사용된 얼굴 검출 분류기 파일은 OpenCV 공식 GitHub에서 다운로드할 수 있습니다.
해당 파일을 다운로드하여 작성된 코드와 같은 디렉토리에 저장하시기 바랍니다.

실행결과

[▷ Python 파일 실행] 버튼을 클릭하여 코드를 실행합니다.
파일명 앞에 modify_ 가 붙여 처리된 사진을 저장하였습니다.

사진을 확인하여 얼굴에 모자이크 처리가 되었는지 확인하였습니다.

프로그램
만 들 기 **34** 플라스크 사진서버 만들기

프로그램 설명 플라스크를 이용하여 웹으로 사진을 보여주는 사진서버를 만들어봅니다.

폴더와 파일 생성하기

[챗GPT로 만드는 파이썬 작품들] 폴더에 [34.플라스크 사진서버 만들기] 폴더를 생성 후 [main34-1.py], [main34-2.py] 파일을 생성합니다. [static] 폴더와 [templates] 폴더를 생성 후 [templates] 폴더에 [index.html], [index2.html] 파일을 생성합니다.

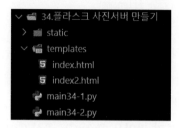

라이브러리 설치하기

flask는 웹서버를 만들기 위한 프레임워크 입니다. 터미널에 다음의 명령어를 입력하여 설치합니다.

```
pip install flask
```

파이썬 사진서버 구현

플라스크를 이용하면 손쉽게 웹서비스를 구현 할 수 있어 사진을 보여주는 플라스크 서버를 만들어 달라고 요청하였습니다.

[static] 폴더에 jpg형식의 사진파일을 photo.jpg의 이름으로 변경 후 폴더에 넣습니다.

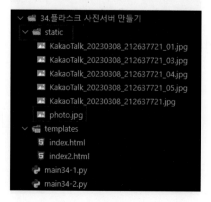

파이썬 플라스크를 이용해서 사진을 보여주는 간단한 웹 서비스를 만들어줘

 다음과 같이 코드를 작성하여 간단한 Flask 애플리케이션을 만들 수 있습니다.

main34-1.py

```python
from flask import Flask, render_template

app = Flask(__name__)

@app.route('/')
def index():
    return render_template('index.html')
if __name__ =='__main__':
    app.run()
```

위 코드는 Flask 애플리케이션을 작성하고, 루트 URL('/')에 대한 요청이 있을 때 index 함수를 호출하여 index.html 템플릿을 렌더링합니다.

이제 templates폴더를 만들고, index.html 파일을 다음과 같이 작성합니다.

templates₩index.html

```html
<!DOCTYPE html>
<html>
<head>
    <title>Photos</title>
</head>
<body>
    <h1>Photos</h1>
    <img src="{{ url_for('static', filename='photo.jpg') }}" alt="My photo">
</body>
</html>
```

위 템플릿은 static/photo.jpg 파일을 렌더링합니다. 따라서 static폴더를 만들고 원하는 이미지 파일(photo.jpg 등)을 업로드해야 합니다.

실행결과

[▷ Python 파일 실행] 버튼을 클릭하여 코드를 실행합니다.

주소부분을 [컨트롤 + 클릭] 하여 웹페이지로 접속합니다. 또는 주소를 웹브라우저에 직접 입력합니다.

photo.jpg 사진을 보여주는 사진서버를 완성하였습니다. 서버를 종료하고 싶다면 터미널에서 [컨트롤 + c]를 눌러 키보드 인터럽트를 발생시켜 종료합니다.

파이썬 사진서버 구현

한 장의 사진이 아닌 여러 장의 사진은 어떻게 구현을 할 수 있을까 궁금하여 여러 장의 사진을 보여주는 웹서버를 만들어 달라고 요청하였습니다.

[static] 폴더에 사진파일 넣습니다. 이름은 상관없이 넣습니다.

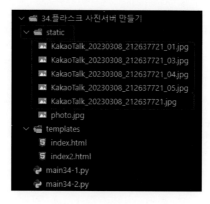

여러 장의 사진을 보여주는 플라스크 서비스를 만들어줘. static 폴더의 사진을 모두 보여줘

 다음과 같이 코드를 작성하여 간단한 Flask 애플리케이션을 만들 수 있습니다.

templates₩index.html

```python
import os
from flask import Flask, render_template

PATH = r'34.플라스크 사진서버 만들기\static'

app = Flask(__name__)

@app.route('/')
def index():
    photos = os.listdir(PATH)
    return render_template('index2.html', photos=photos)

if __name__ =='__main__':
    app.run()
```

위 코드는 Flask 애플리케이션을 작성하고, 루트 URL('/')에 대한 요청이 있을 때 index 함수를 호출하여 index.html 템플릿을 렌더링합니다.

os모듈을 사용하여 static폴더에 있는 모든 파일 목록을 가져옵니다. 그런 다음 render_template 함수에 photos 변수를 전달하여 템플릿에서 사용할 수 있도록 합니다.

이제 templates폴더를 만들고, index2.html 파일을 다음과 같이 작성합니다.

templates₩index2.html

```html
<!DOCTYPE html>
<html>
<head>
    <title>Photos</title>
</head>
<body>
    <h1>Photos</h1>
    {% for photo in photos %}
        <img src="{{ url_for('static', filename=photo) }}" alt="{{ photo }}">
    {% endfor %}
</body>
</html>
```

위 템플릿은 static폴더에 있는 모든 사진을 렌더링합니다. photos 변수는 index 함수에서 전달된 파일 목록입니다. for루프를 사용하여 각 파일에 대한 이미지 태그를 생성하고 url_for 함수를 사용하여 정적 파일 경로를 생성합니다.

실행결과

[▷ Python 파일 실행] 버튼을 클릭하여 코드를 실행합니다.

여러 장의 사진을 보여주는 사진서버를 완성하였습니다. 서버를 종료하고 싶다면 터미널에서 [컨트롤 + c]를 눌러 키보드 인터럽트를 발생시켜 종료합니다.

35 플라스크 게시판 만들기

프로그램 설명	플라스크를 이용하여 웹상에서 글을 쓰고 표시하는 게시판을 만들어봅니다.

폴더와 파일 생성하기

[챗GPT로 만드는 파이썬 작품들] 폴더에 [35.플라스크 게시판 만들기] 폴더를 생성 후 [main35-1. py], [main35-2.py] 파일을 생성합니다. [templates] 폴더를 생성 후 [templates] 폴더에 [index. html] 파일을 생성합니다.

라이브러리 설치하기

flask는 웹서버를 만들기 위한 프레임워크 입니다. 터미널에 다음의 명령어를 입력하여 설치합니다.

```
pip install flask
```

게시판 만들기

플라스크를 이용하여 웹에서 게시판 기능을 만들어 달라고 요청하였습니다.

 파이썬의 플라스크를 이용해서 게시판을 만들어줘.

 다음 코드를 작성하세요.

---

main35-1.py

```python
from flask import Flask, render_template, request

app = Flask(__name__)

# 데이터를 저장할 리스트
messages = []
```

```python
@app.route('/', methods=['GET', 'POST'])
def home():
    if request.method =='POST':
        # 게시물 작성을 요청한 경우
        message = request.form.get('message')
        messages.append(message)
    # 게시물 목록을 보여줍니다.
    return render_template('index.html', messages=messages)
if __name__ =='__main__':
    app.run(debug=True)
```

여기서 render_template는 HTML 템플릿을 렌더링하는 데 사용되는 Flask 함수입니다. request 모듈은 HTTP 요청 데이터를 처리하기 위해 Flask에서 제공하는 클래스입니다. 이 예제에서는 사용자가 게시물을 게시하는 경우에만 데이터를 처리합니다.

게시판의 기본적인 형태가 만들어졌습니다. 마지막으로 게시물을 보여줄 HTML 템플릿을 생성해야 합니다. templates폴더를 만들고 index.html 파일을 다음과 같이 생성하십시오.

templates\index.html

```html
<!DOCTYPE html>
<html>
<head>
    <title>게시판</title>
</head>
<body>
    <h1>게시판</h1>
    <form method="POST">
        <input type="text" name="message">
        <button type="submit">게시하기</button>
    </form>
    <hr>
    <ul>
    {% for message in messages %}
        <li>{{ message }}</li>
    {% endfor %}
    </ul>
</body>
</html>
```

이제 app.py와 home.html 파일을 같은 디렉토리에 저장하고 python app.py명령어를 실행하여 Flask 애플리케이션을 시작할 수 있습니다. 그러면 http://localhost:5000주소로 접속하여 게시판을 사용할 수 있습니다.

실행결과

[▷ Python 파일 실행] 버튼을 클릭하여 코드를 실행합니다.

게시판을 만들었습니다.

글자를 입력 후 게시하기 버튼을 누르면 게시판에 글자가 게시됩니다.

게시물을 저장하는 게시판 만들기

게시판에 저장 기능이 없어 저장 기능이 있는 게시판을 만들었습니다.

 파이썬의 플라스크를 이용해서 게시판을 만들어줘. 게시판의 내용을 서버에 저장하는 기능까지

 다음 코드를 작성하세요.

main35-2.py

```python
from flask import Flask, render_template, request, redirect, url_for
import os

PATH = r"35.플라스크 게시판 만들기\messages.txt"

app = Flask(__name__)

# 데이터를 저장할 리스트
messages = []

@app.route('/', methods=['GET', 'POST'])
def home():
    # 함수 내부에서 messages 변수를 사용하기 위해 global 키워드를 사용합니다.
    global messages
    if request.method =='POST':
        # 게시물 작성을 요청한 경우
        message = request.form.get('message')
```

```
            messages.append(message)
            # 파일에 게시물 내용 저장
            with open(PATH, 'a') as f:
                f.write(message +'\n')
            return redirect(url_for('home'))
        else:
            # 저장된 게시물 내용 로드
            if os.path.exists(PATH):
                with open(PATH, 'r') as f:
                    messages = [line.strip() for line in f.readlines()]
            # 게시물 목록을 보여줍니다.
            return render_template('index.html', messages=messages)

if __name__ =='__main__':
    app.run(debug=True)
```

여기서 redirect와 url_for 함수는 Flask에서 사용되는 함수로, URL을 재지정하여 페이지를 다시 로드합니다. os모듈은 파일 처리를 위해 사용되었습니다. 이 예제에서는 파일을 사용하여 게시물 내용을 저장합니다.

실행결과

[▷ Python 파일 실행] 버튼을 클릭하여 코드를 실행합니다.
게시판을 만들었습니다. 게시물을 게시합니다.

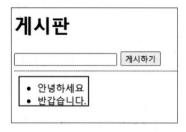

messages.txt 파일에 게시물이 저장되었습니다.

36 플라스크 투표시스템 만들기

폴더와 파일 생성하기

[챗GPT로 만드는 파이썬 작품들] 폴더에 [36.플라스크 투표시스템 만들기] 폴더를 생성 후 [main36-1.py], [main36-2.py] 파일을 생성합니다. [templates] 폴더를 생성 후 [templates] 폴더에 [index.html], [index2.html], [result.html] 파일을 생성합니다.

라이브러리 설치하기

flask는 웹서버를 만들기 위한 프레임워크 입니다. 터미널에 다음의 명령어를 입력하여 설치합니다.

```
pip install flask
```

투표서비스 만들기

플라스크를 이용하여 웹상에서 투표기능을 만들었습니다.

 파이썬의 플라스크를 이용해서 투표시스템을 만들어줘

 다음과 같이 코드를 작성하십시오.

main36-1.py

```python
from flask import Flask, render_template, request

app = Flask(__name__)

candidates = {
```

```python
        'candidate_1': 'Alice',
        'candidate_2': 'Bob',
        'candidate_3': 'Charlie'
}

votes = {
        'candidate_1': 0,
        'candidate_2': 0,
        'candidate_3': 0
}

@app.route('/')
def index():
        return render_template('index.html', candidates=candidates)

@app.route('/vote', methods=['POST'])
def vote():
        candidate = request.form['candidate']
        votes[candidate] +=1
        return "Vote cast for "+ candidates[candidate]

if __name__ =='__main__':
        app.run()
```

여기에서 candidates는 후보자 이름을 저장하는 딕셔너리이고, votes는 후보자당 투표수를 저장하는 딕셔너리입니다. index() 함수는 템플릿 파일 index.html을 렌더링하고, vote() 함수는 클라이언트가 POST 요청으로 보낸 후보자 이름을 받아서 해당 후보자의 투표수를 증가시킵니다.

index.html 템플릿 파일은 다음과 같이 작성합니다.

templates\index.html

```html
<!DOCTYPE html>
<html>
  <head>
    <title>Vote for your favorite candidate</title>
  </head>
  <body>
    <h1>Vote for your favorite candidate</h1>
    <form method="POST" action="/vote">
      {% for candidate_id, candidate_name in candidates.items() %}
        <input type="radio" name="candidate" value="{{ candidate_id }}">{{ candidate_name }}<br>
      {% endfor %}
      <input type="submit" value="Vote">
    </form>
  </body>
</html>
```

여기에서 candidates딕셔너리를 반복문으로 돌면서 후보자 이름과 라디오 버튼을 생성합니다. 클라이언트가 투표를 하면 action="/vote"로 지정된 URL로 POST 요청을 보내게 됩니다.

클라이언트가 투표를 하면 터미널에서 해당 후보자의 이름이 출력됩니다. 투표 결과는 votes딕셔너리에 저장되며, 필요에 따라 이를 파일이나 데이터베이스에 저장할 수 있습니다.

실행결과

[▷ Python 파일 실행] 버튼을 클릭하여 코드를 실행합니다.=
간단하게 투표를 할 수 있는 웹페이지를 만들었습니다.

Vote for your favorite candidate

○ Alice
○ Bob
○ Charlie
[Vote]

투표결과를 그래프로 그리기

투표기능은 그래프로 표시되면 한눈에 알기 쉽기 때문에 그래프로 보여주는 서비스를 만들어 달라고 요청하였습니다.

 투표결과를 그래프로 보여주는 플라스크 서비스를 만들어줘

 다음과 같이 코드를 작성하십시오.

main36-2.py

```python
from flask import Flask, render_template
import matplotlib.pyplot as plt
import io
import base64

app = Flask(__name__)

candidates = {
    'candidate_1': 'Alice',
    'candidate_2': 'Bob',
    'candidate_3': 'Charlie'
}

votes = {
    'candidate_1': 0,
    'candidate_2': 0,
```

```
        'candidate_3': 0
}

@app.route('/')
def index():
    return render_template('index2.html', candidates=candidates)

@app.route('/vote/<candidate>')
def vote(candidate):
    votes[candidate] +=1
    return "Vote cast for "+ candidates[candidate]

@app.route('/result')
def result():
    plt.bar(candidates.values(), votes.values())
    plt.title('Vote result')
    plt.xlabel('Candidate')
    plt.ylabel('Votes')
    img = io.BytesIO()
    plt.savefig(img, format='png')
    img.seek(0)
    graph_url = base64.b64encode(img.getvalue()).decode()
    return render_template('result.html', graph_url=graph_url)

if __name__ =='__main__':
    app.run()
```

여기에서는 /resultURL에 접근하면 Matplotlib을 사용하여 투표 결과 그래프를 생성하고 이를 이미지 파일로 변환하여 HTML 템플릿에 출력합니다. 투표 결과 그래프를 생성하려면 plt.bar() 함수를 사용하여 후보자 이름과 투표수에 대한 막대 그래프를 생성하고, plt.title(), plt.xlabel(), plt.ylabel() 함수를 사용하여 그래프 제목과 라벨을 지정합니다. 그리고 plt.savefig() 함수를 사용하여 그래프를 이미지 파일로 저장합니다. 저장된 이미지 파일은 base64.b64encode() 함수를 사용하여 Base64 문자열로 변환됩니다. 그리고 이를 HTML 템플릿에 출력할 때는 img태그와 src속성을 사용하고, data:image/png;base64,문자열과 Base64 변환된 이미지 파일을 함께 사용합니다. index2.html 파일은 다음과 같이 작성합니다.

```
<!DOCTYPE html>
<html>
  <head>
    <title>Vote for your favorite candidate</title>
  </head>
  <body>
    <h1>Vote for your favorite candidate</h1>
    {% for candidate_id, candidate_name in candidates.items() %}
      <a href="/vote/{{ candidate_id }}">{{ candidate_name }}</a><br>
    {% endfor %}
    <a href="/result">View result</a>
  </body>
</html>
```

여기에서는 candidates딕셔너리를 반복문으로 돌면서 후보자 이름과 투표 링크를 생성합니다. 클라이언트가 투표를 하면 /voteURL로 이동하게 됩니다. 그리고 마지막으로 View result링크를 클릭하면 /resultURL로 이동하여 투표 결과 그래프를 볼 수 있습니다.

result.html 파일은 다음과 같이 작성합니다.

```
<!DOCTYPE html>
<html>
  <head>
    <title>Vote result</title>
  </head>
  <body>
    <h1>Vote result</h1>
    <img src="data:image/png;base64,{{ graph_url }}" alt="Vote result">
    <br><br>
    <a href="/">Back to voting</a>
  </body>
</html>
```

실행결과

[▷ Python 파일 실행] 버튼을 클릭하여 코드를 실행합니다.

클릭하여 투표를 할 수 있는 서비스를 완성하였습니다. View result를 클릭하면 투표결과를 그래프로 출력이 가능합니다.

Vote for your favorite candidate

Alice
Bob
Charlie
View result

투표결과를 그래프로 출력하였습니다.

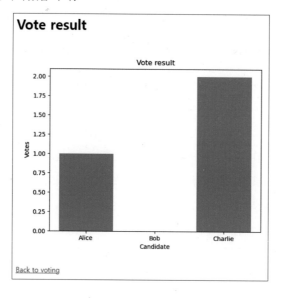

Vote result

Vote result

Back to voting

37 음성인식 비서 만들기

프로그램 설명 한글 음성을 인식하여 원하는 동작을 하는 음성인식 비서를 만들어봅니다.

폴더와 파일 생성하기

[챗GPT로 만드는 파이썬 작품들] 폴더에 [37.음성인식 비서 만들기] 폴더를 생성 후 [main37-1. py], [main37-2.py] 파일을 생성합니다.

라이브러리 설치하기

음성인식을 위한 라이브러리를 설치합니다.

```
pip install SpeechRecognition
```

오디오 라이브러리를 설치합니다.

```
pip install pyaudio
```

음성을 인식하여 텍스트로 변환하기

파이썬으로 음성을 인식하여 텍스트로 변환하는 코드를 요청하였습니다. 여러 번 요청하였으나 모두 API를 사용한 방법을 추천하여 무료로 사용가능한 방법인 speech_recognition을 이용하여 코드를 생성해 달라고 요청하였습니다.

> 파이썬으로 음성을 인식하여 텍스트로 변환하는 코드를 작성해줘. 한국어 음성이야. speech_recognition를 사용해서 작성해줘

> 마이크로부터 음성을 받아들이기 위해서는, SpeechRecognition 패키지의 Microphone 클래스를 사용하여 마이크로부터 음성을 캡처할 수 있습니다. 이후에는 파일에서 읽어들인 음성과 마찬가지로 recognize_google 메소드를 사용하여 음성을 인식하고, 텍스트로 변환할 수 있습니다.
> 다음은 마이크로부터 음성을 인식하여 텍스트로 변환하는 코드입니다.

```python
# pip install pyaudio
import speech_recognition as sr

# 마이크에서 음성을 받아들입니다.
r = sr.Recognizer()
with sr.Microphone() as source:
    print("말씀해주세요.")
    audio = r.listen(source)

# 인식된 음성에서 텍스트를 추출합니다.
text = r.recognize_google(audio, language='ko-KR')
print(text)
```

위 코드를 실행하면 마이크에서 음성을 입력할 수 있습니다. 음성 입력이 끝나면, 인식된 텍스트가 출력됩니다. 만약 인식이 실패하면 UnknownValueError 예외가 발생합니다. 이 경우에는 다시 말씀해주세요. 메시지를 출력한 후, 다시 마이크에서 음성을 받아들이도록 할 수 있습니다.

실행결과

[▷ Python 파일 실행] 버튼을 클릭하여 코드를 실행합니다.
마이크에 안녕하세요 를 말하였고 텍스트로 변환하여 출력되었습니다.

```
말씀해주세요.
result2:
{   'alternative': [   {'confidence': 0.92365956, 'transcript': '안녕하세요'},
                        {'transcript': '안녕하세요요'}],
    'final': True}
안녕하세요
```

음성 인식 비서 만들기

음성을 인식하여 텍스트로 변환된 값을 활용하기 위해서 몇 가지 동작하는 예제 코드를 만들어 달라고 요청하니 웹페이지에 접속하는 서비스를 만들어 주었습니다.

 음성을 인식해서 몇 가지를 동작하는 음성 인식 비서를 만들어줘

 음성인식 비서를 만들기 위해서는, 음성을 인식하고 이를 이해하여 적절한 동작을 수행할 수 있도록 코드를 작성해야 합니다. 다음은 간단한 음성인식 비서 예제입니다. 이 예제는 음성 인식을 사용하여 지정된 몇 가지 작업을 수행하는 음성 비서를 구현합니다.

```python
import speech_recognition as sr
import webbrowser

# 음성인식을 위한 객체 생성
```

```
r = sr.Recognizer()

# 음성 입력 받기
with sr.Microphone() as source:
    print("말씀하세요...")
    audio = r.listen(source)

# 음성 인식
try:
t   ext = r.recognize_google(audio, language='ko-KR')
    print(f"인식된 음성: {text}")
    # 음성 명령에 따라 동작 수행
    if "구글" in text:
        webbrowser.open("https://www.google.com")
    elif "유튜브" in text:
        webbrowser.open("https://www.youtube.com")
    elif "검색" in text:
        query = text.split("검색")[1]
        webbrowser.open(f"https://www.google.com/search?q={query}")
    else:
        print("해당 명령을 이해할 수 없습니다.")
except sr.UnknownValueError:
    print("음성 인식에 실패했습니다.")
```

위 코드에서는 speech_recognition 패키지를 사용하여 음성 입력을 받은 후, 이를 Google Web Speech API를 사용하여 인식합니다. 그리고 인식된 음성 명령을 파싱하여, 이에 맞게 동작을 수행합니다. 예를 들어, "구글"이라는 단어가 인식된 경우에는 웹 브라우저에서 구글 홈페이지를 열고, "유튜브"라는 단어가 인식된 경우에는 유튜브 홈페이지를 엽니다. "검색"이라는 단어가 인식된 경우에는 검색어를 추출하여 구글에서 검색 결과를 보여줍니다.

이와 같이 음성인식 비서를 구현하면, 음성으로 간단한 작업을 수행할 수 있습니다.

실행결과

[▷ Python 파일 실행] 버튼을 클릭하여 코드를 실행합니다.
구글을 말하였고 음성이 인식되었습니다.

```
말씀하세요...
result2:
{   'alternative': [    {'confidence': 0.91357744, 'transcript': '구글'},
                        {'transcript': 'Google'}],
    'final': True}
인식된 음성: 구글
```

구글 페이지가 자동으로 열렸습니다.

38 인공지능 챗봇 만들기

프로그램 설명 인공지능을 이용하여 채팅을 하는 챗봇을 만들어봅니다.

폴더와 파일 생성하기

[챗GPT로 만드는 파이썬 작품들] 폴더에 [38.인공지능 챗봇 만들기] 폴더를 생성 후 [main38-1. py] 파일을 생성합니다.

> 📁 38.인공지능 챗봇 만들기
> 🐍 main38-1.py

라이브러리 설치하기

챗봇 엔진 중에서도 가장 유명한 엔진 중 하나인 Rasa입니다. 다음의 명령어를 이용하여 라이브러리를 설치합니다.

```
pip install rasa
```

간단하게 프로그램으로 챗봇 만들기

챗봇 프로그램을 요청하였습니다. 입력결과는 조건문으로 분기하여 값만 출력하는 단순한 서비스의 코드를 생성해주었습니다.

 파이썬을 활용해서 간단한 챗봇 프로그램을 만들어줘.

 아래는 파이썬으로 간단한 챗봇 프로그램의 예시입니다. 이 코드는 "안녕"이라는 인사에 "안녕하세요!"라는 대답을 하는 매우 단순한 예시입니다.

main38-1.py

```python
# 챗봇 응답 함수
def chatbot_response(user_input):
    if user_input =="안녕":
        return "안녕하세요!"
    else:
        return "무슨 말씀이신지 잘 모르겠어요."

# 메인 함수
```

```python
def main():
    print("안녕하세요! 챗봇입니다.")
    while True:
        user_input = input("사용자: ")
        response = chatbot_response(user_input)
        print("챗봇: "+ response)

# 프로그램 실행
if __name__ =="__main__":
    main()
```

위 코드를 실행하면, "안녕"이라는 메시지를 입력하면 "안녕하세요!"라는 응답을 출력합니다. 이외의 메시지를 입력하면 "무슨 말씀이신지 잘 모르겠어요."라는 응답을 출력합니다.

이 코드는 매우 간단한 예시이며, 좀 더 복잡한 대화를 위해서는 챗봇 엔진을 사용하거나 딥러닝 기술을 활용한 챗봇을 만들어야 합니다. 하지만, 이 예시 코드는 챗봇의 기본적인 동작 방식을 이해하는 데에 도움이 됩니다.

실행결과

[▶ Python 파일 실행] 버튼을 클릭하여 코드를 실행합니다.
프로그램된 결과만 출력하는 간단한 챗봇을 만들었습니다.

```
안녕하세요! 챗봇입니다.
사용자: 안녕
챗봇: 안녕하세요!
사용자:
```

챗봇 엔진 사용한 챗봇 프로그램 만들기

rasa라는 챗봇 엔진을 사용하여 조금 더 복잡하고 챗봇처럼 동작하는 방법을 챗GPT가 알려주었습니다. rasa라는 챗봇 엔진을 사용하면 복잡하고 다양한 챗봇을 만들 수 있습니다.

 챗봇 엔진을 사용한 챗봇을 만들어줘

 프로젝트 초기화
[38.인공지능 챗봇 만들기] 폴더에서 마우스 오른쪽을 클릭 후 [통합 터미널에서 열기]를 클릭합니다.

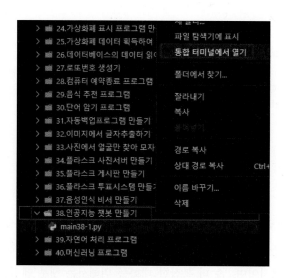

[38.인공지능 챗봇 만들기] 경로에 터미널이 열립니다. rasa init 명령어를 입력하여 risa를 설치합
니다.

```
\챗GPT로 만드는 파이썬 작품들\38.인공지능 챗봇 만들기> C:/Users/ai/anaconda3/Scripts/activate
\챗GPT로 만드는 파이썬 작품들\38.인공지능 챗봇 만들기> conda activate base
\챗GPT로 만드는 파이썬 작품들\38.인공지능 챗봇 만들기> rasa init
```

```
rasa init
```

중간에 [엔터]와 [Y]를 눌러 설치를 계속 진행합니다.

```
If you need some help, check out the documentation at https://rasa.com/docs/rasa.
Now let's start!

? Please enter a path where the project will be created [default: current directory]
? Directory 'C:\0_project\173.챗GPT로 만드는 파이썬과 40개의 작품들\챗GPT로 만드는 파이썬 작품들\38.인공지능 챗봇 만들기' is not empty. Continue? Yes
Created project directory at 'C:\0_project\173.챗GPT로 만드는 파이썬과 40개의 작품들\챗GPT로 만드는 파이썬 작품들\38.인공지능 챗봇 만들기'.
Finished creating project structure.
? Do you want to train an initial model? Yes
Training an initial model...
2023-03-10 06:46:49 INFO        numexpr.utils    - Note: NumExpr detected 16 cores but "NUMEXPR_MAX_THREADS" not set, so enforcing safe limit of 8.
2023-03-10 06:46:49 INFO        numexpr.utils    - NumExpr defaulting to 8 threads.
```

```
C:\Users\ai\anaconda3\lib\site-packages\sanic_co
    SANIC_VERSION = LooseVersion(sanic_version)
2023-03-10 06:47:41 INFO       root  - Connecting
els, omit the '--connector' argument.
2023-03-10 06:47:41 INFO       root  - Starting Ra
2023-03-10 06:47:42 INFO       rasa.core.processor
2023-03-10 06:47:53 WARNING    rasa.shared.utils.c
k on it in the forum (https://forum.rasa.com) to
2023-03-10 06:47:59 INFO       root  - Rasa server
Bot loaded. Type a message and press enter (use
Your input ->
Your input ->
```

```
Bot loaded. Type a message and press
Your input ->
Your input ->    hello
Hey! How are you?
Your input ->    hi
Hey! How are you?
Your input ->
```

❶ 데이터 정의하기

Rasa에서는 데이터를 정의하는 방식으로 챗봇의 응답을 학습합니다. 데이터는 data/nlu.yaml와 data/stories.yaml 파일에 정의됩니다. nlu.yaml 파일은 사용자의 발화를 예측하는 NLU(Natural Language Understanding) 파트를 학습하는데 사용됩니다. stories.yaml 파일은 대화 스크립트를 학습하는데 사용됩니다.

data/nlu.md파일에는 예시 발화와 그에 대한 의도를 정의합니다.

```
data/nlu.yaml

## intent: greeting
 - 안녕
 - 안녕하세요
 - 안녕하십니까
```

위 코드는 "안녕", "안녕하세요", "안녕하십니까"라는 발화에 대한 의도를 "greeting"으로 정의한 예시입니다.

data/stories.yaml 파일에는 대화 스크립트를 정의합니다.

```
data/stories.yaml

## greeting
 * greeting
   - utter_greeting
```

위 코드는 "greeting"이라는 스토리를 정의한 예시입니다. "greeting" 스토리는 "greeting" 이라는 의도를 가지는 사용자 발화에 대해 "utter_greeting"이라는 봇의 응답을 출력하는 것을 의미합니다.

❷ 도메인 설정하기

Rasa에서는 도메인 파일(domain.yml)을 통해 챗봇의 동작 방식을 설정합니다. domain.yml 파일에는 응답 템플릿, 액션, 슬롯 등 챗봇의 요소들을 정의할 수 있습니다. 아래는 domain.yml 파일의 예시입니다.

```
domain.yml

intents:
    - greeting

responses:
    utter_greeting:
    - text: "안녕하세요!"

actions:
```

위 코드는 "greeting"이라는 의도를 가진 사용자 발화에 대해 "안녕하세요!"라는 응답을 출력하는 응답 템플릿과, 액션을정의하지 않은 상태입니다. 도메인 파일에서는 응답 템플릿을 정의할 때 – text:와 같이 텍스트를 정의합니다. 액션을 정의할 때는 actions항목 아래에 액션의 이름과 해당 액션을 수행할 클래스를 정의합니다.

❸ 모델 학습하기

데이터를 정의하고 도메인 파일을 설정한 후에는 Rasa를 사용하여 모델을 학습합니다. 터미널에서 아래 명령어를 실행하여 모델을 학습합니다.

```
rasa train
```

❹ 챗봇 실행하기

모델을 학습한 후에는 챗봇을 실행할 수 있습니다. 아래 명령어를 실행하여 챗봇을 실행합니다.

```
rasa shell
```

이제 "안녕"이라는 발화를 입력하면 "안녕하세요!"라는 응답을 받을 수 있습니다.

위 예시는 매우 간단한 챗봇이지만, Rasa를 사용하면 챗봇의 복잡도를 높일 수 있습니다. Rasa에서는 유저 발화에 대해 인텐트(Intent)를 파악하고, 그에 따라 액션(Action)을 수행할 수 있습니다. 또한, 슬롯(Slot)을 사용하여 유저의 상태를 파악하고, 상태에 따라 다른 응답을 출력할 수도 있습니다. Rasa를 사용하면 더욱 정교한 챗봇을 만들 수 있습니다.

39 자연어 처리 프로그램

프로그램 설명	글자를 분석하여 자연어를 처리하는 프로그램을 만들어봅니다.

폴더와 파일 생성하기

[챗GPT로 만드는 파이썬 작품들] 폴더에 [39.자연어 처리 프로그램] 폴더를 생성 후 [main39-1.py], [main39-2.py] 파일을 생성합니다.

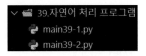

라이브러리 설치하기

nltk 라이브러리는 자연어 처리를 위한 라이브러리입니다.

```
pip install nltk
```

한글 자연어 처리를 위해서는 konlpy 라이브러리를 사용할 수 있습니다. 이 라이브러리는 한글 형태소 분석기를 제공하여, 한글 문서에서 단어 단위로 분리하고 품사를 태깅할 수 있도록 도와줍니다.

```
pip install konlpy
```

자연어 처리 프로그램 만들기

자연어 처리프로그램을 만들어 달라고 요청하였습니다. 다만 기본적으로 영어만 사용 가능한 코드를 생성해 주었습니다.

파이썬으로 자연어 처리 프로그램을 만들어줘

 네, 자연어 처리를 위한 파이썬 프로그램을 만들어드리겠습니다.

이 프로그램은 사용자로부터 텍스트를 입력받고, 다음과 같은 자연어 처리 작업을 수행합니다.

텍스트 전처리

입력된 텍스트에서 구두점, 불용어 등을 제거합니다.

대소문자를 통일합니다.

텍스트를 단어 단위로 분리합니다.

단어 빈도수 계산

단어들의 빈도수를 계산합니다.

가장 많이 등장한 단어 10개를 출력합니다.

단어의 품사 태깅

입력된 텍스트에서 단어들의 품사를 태깅합니다.

태깅된 결과를 출력합니다.

이제 아래의 파이썬 코드를 실행하시면 됩니다.

---

main39-1.py

```python
import nltk
from nltk.tokenize import word_tokenize
from nltk.corpus import stopwords
from nltk.tag import pos_tag
from collections import Counter

nltk.download('punkt')
nltk.download('stopwords')
nltk.download('averaged_perceptron_tagger')

def preprocess(text):
    text = text.lower() # 소문자로 변환
    words = word_tokenize(text) # 단어 단위로 분리
    words = [word for word in words if word.isalpha()] # 알파벳으로 이루어진 단어만 추출
    stop_words = set(stopwords.words('english')) # 영어 불용어 목록 로드
    words = [word for word in words if not word in stop_words] # 불용어 제거
    return words

def count_words(words):
    word_counts = Counter(words)
    top_words = word_counts.most_common(10)
    return top_words

def tag_parts_of_speech(words):
    tagged_words = pos_tag(words)
    return tagged_words

# 사용자 입력 받기
text = input("Enter some text: ")
```

```python
# 텍스트 전처리
words = preprocess(text)

# 단어 빈도수 계산
top_words = count_words(words)
print("Top 10 words:", top_words)

# 단어의 품사 태깅
tagged_words = tag_parts_of_speech(words)
print("Part of speech tagging:", tagged_words)
```

위 코드에서 preprocess() 함수는 입력된 텍스트를 전처리하고, count_words() 함수는 단어의 빈도수를 계산하며, tag_parts_of_speech() 함수는 단어들의 품사를 태깅 합니다.

실행결과

[▷ Python 파일 실행] 버튼을 클릭하여 코드를 실행합니다.
단어들을 입력하면 빈도수와 품사를 태깅 합니다.

```
Enter some text: hello good hello
Top 10 words: [('hello', 2), ('good', 1)]
Part of speech tagging: [('hello', 'RB'), ('good', 'JJ'), ('hello', 'NN')]
```

한글 자연어 처리하기

한글의 자연어 처리 사용법이 궁금하여 요청하였습니다. 한글 라이브러리의 경우 자바가 설치되지 않아 자바를 설치하고 라이브러리의 경로를 수정하여 한글 자연어 처리를 완료하였습니다.

 파이썬으로 한글을 자연어 처리 프로그램을 만들어줘

 한글 자연어 처리를 위한 간단한 예제 코드를 작성해보겠습니다. 예제 코드는 다음과 같습니다.

main39-2.py

```python
from konlpy.tag import Komoran

# Komoran 형태소 분석기 객체 생성
komoran = Komoran()

# 입력된 텍스트를 형태소 단위로 분석하고, 품사 태깅 수행
text ="오늘은 날씨가 좋아서 산책을 하고 싶습니다."
words = komoran.pos(text)

# 분석된 결과 출력
for word, pos in words:
    print(word, "(", pos, ")")
```

위 코드에서 Komoran() 함수는 komoran 형태소 분석기 객체를 생성합니다. komoran.pos(text)는 입력된 텍스트를 형태소 단위로 분석하고, 품사 태깅을 수행합니다. 결과는 (단어, 품사)형태의 튜플로 반환됩니다.

분석된 결과를 출력하기 위해서는 for루프를 사용하여 각각의 (단어, 품사) 튜플에서 단어와 품사를 추출하여 출력하면 됩니다.

실행결과

[▷ Python 파일 실행] 버튼을 클릭하여 코드를 실행합니다.

다음과 같이 에러가 발생합니다. 자바가 설치되지 않아서 발생하는 에러로 konlpy 라이브러리를 사용하기 위해서는 자바를 설치해야 합니다.

```
  File "c:\0_project\173.챗GPT로 만드는 파이썬과 40개의 작품들\챗GPT로 만드는 파이썬 작품들\39.자연어 처리 프로그램\main39-2.py", line 4, in <module>
    komoran = Komoran()
  File "C:\Users\ai\anaconda3\lib\site-packages\konlpy\tag\_komoran.py", line 56, in __init__
    jvm.init_jvm(jvmpath, max_heap_size)
  File "C:\Users\ai\anaconda3\lib\site-packages\konlpy\jvm.py", line 55, in init_jvm
    jvmpath = jvmpath or jpype.getDefaultJVMPath()
  File "C:\Users\ai\anaconda3\lib\site-packages\jpype\_jvmfinder.py", line 74, in getDefaultJVMPath
    return finder.get_jvm_path()
  File "C:\Users\ai\anaconda3\lib\site-packages\jpype\_jvmfinder.py", line 212, in get_jvm_path
    raise JVMNotFoundException("No JVM shared library file ({0}) "
jpype._jvmfinder.JVMNotFoundException: No JVM shared library file (jvm.dll) found. Try setting up the JAVA_HOME environment variable properly.
PS C:\0_project\173.챗GPT로 만드는 파이썬과 40개의 작품들\챗GPT로 만드는 파이썬 작품들>
```

자바 설치 및 경로 수정 후 한글 자연어 분석

형태소 분석을 위한 konlpy 라이브러리는 자바코드를 이용한 라이브러리로 PC에 자바가 설치되어야 동작합니다.

다음의 사이트에 접속하여 자바를 다운로드 후 설치합니다. [Java 19] 버전으로 설치하였습니다.

단, 설치 시점의 최신버전으로 설치를 진행하나 동작하지 않는다면 [Java 19] 버전으로 설치합니다.

https://www.oracle.com/java/technologies/downloads/

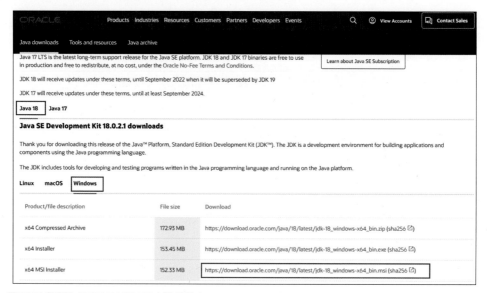

다운로드받은 자바를 설치합니다.

자바가 설치되었습니다. 설치 시 특별한 설정 없이 [NEXT]만 눌러 설치를 진행합니다.

자바가 설치된 위치에 jvm.dll 파일의 위치를 확인합니다. 자바파일의 위치는 [C:₩Program Files₩Java₩jdk-19₩bin₩server₩jvm.dll] 입니다. 자바의 설치버전에 따라 폴더이름이 다르니 자바가 설치된 위치에서 jvm.dll 파일의 위치를 찾아 경로를 저장합니다.

VS Code로 돌아와 init_jvm의 에러가 발생한 부분에서 [컨트롤 +클릭] 하여 에러부분으로 이동합니다.

```
File "c:\0_project\173.챗GPT로 만드는 파이썬과 40개의 작품들\챗GPT로 만드는 파이썬 작품들\39.자연어 처리 프로그램
    komoran = Komoran()
File "                          e-packages\konlpy\tag\_komoran.py", line 56, in __init__
    jvm  편집기에서 파일 열기 (Ctrl+클릭)    ze)
File "C:\Users\ai\anaconda3\lib\site-packages\konlpy\jvm.py", line 55, in init_jvm
    jvmpath = jvmpath or jpype.getDefaultJVMPath()
File "C:\Users\ai\anaconda3\lib\site-packages\jpype\_jvmfinder.py", line 74, in getDefaultJVMPath
    return finder.get_jvm_path()
File "C:\Users\ai\anaconda3\lib\site-packages\jpype\_jvmfinder.py", line 212, in get_jvm_path
    raise JVMNotFoundException("No JVM shared library file ({0}) "
jpype._jvmfinder.JVMNotFoundException: No JVM shared library file (jvm.dll) found. Try setting up the JAVA_HOME env:
PS C:\0_project\173.챗GPT로 만드는 파이썬과 40개의 작품들\챗GPT로 만드는 파이썬 작품들>
```

jvmpath를 자바가 설치된 경로로 입력합니다. 문자열 앞에 r을 붙여 경로 그대로 표시하도록 합니다. 수정 후 [컨트롤 + s]를 눌러 저장합니다.

```
53        classpath = [f.format(*args) for f in folder_suffix]
54
55        #jvmpath = jvmpath or jpype.getDefaultJVMPath()
56        jvmpath = r"C:\Program Files\Java\jdk-19\bin\server\jvm.dll"
57
58        # NOTE: Temporary patch for Issue #76. Erase when possible.
59        if sys platform == 'darwin'
```

[▶ Python 파일 실행] 버튼을 클릭하여 코드를 다시 실행합니다. 한글 형태소를 분석하였습니다.

```
은 ( JX )
날씨 ( NNG )
가 ( JKS )
좋아서 ( NNP )
산책 ( NNG )
을 ( JKO )
하 ( VV )
고 ( EC )
싶 ( VX )
습니다 ( EF )
. ( SF )
```

프로그램 설명 기계학습을 통한 결과를 출력하는 머신러닝 프로그램을 만들어봅니다.

폴더와 파일 생성하기

[챗GPT로 만드는 파이썬 작품들] 폴더에 [40.머신러닝 프로그램] 폴더를 생성 후 [main40-1.py], [main40-2.py] 파일을 생성합니다.

라이브러리 설치하기

scikit-learn 패키지를 설치해야 합니다. 터미널 또는 명령 프롬프트에서 다음과 같이 입력합니다.

```
pip install scikit-learn
```

분류 머신러닝 프로그램 만들기

기계가 학습하는 머신러닝 프로그램을 요청하였습니다. 다양한 머신러닝을 추천하였으나 몇 가지 대표적으로 사용하는 분류에 관한 머신러닝 프로그램의 사용법을 요청하였습니다.

 파이썬 분류에 관한 머신러닝 프로그램을 만들어줘

 데이터는 scikit-learn 패키지에 기본적으로 내장되어 있는 붓꽃(iris) 데이터를 사용할 것입니다. 이 데이터는 총 150개의 샘플이 있으며, 각 샘플은 꽃잎(petal)의 길이와 너비, 꽃받침(sepal)의 길이와 너비 총 4가지 특성(feature)으로 이루어져 있습니다. 각 샘플은 세 종류의 붓꽃(붓꽃 setosa, versicolor, virginica) 중 하나에 속하며, 이를 분류(classification)하는 문제를 풀어보겠습니다.
다음과 같은 코드를 작성합니다.

main40-1.py

```python
from sklearn.datasets import load_iris
from sklearn.tree import DecisionTreeClassifier
from sklearn.model_selection import train_test_split

# 데이터 로드
```

```
iris = load_iris()
X = iris.data
y = iris.target

# 데이터 분리
X_train, X_test, y_train, y_test = train_test_split(X, y, test_size=0.2, random_state=42)

# 모델 학습
clf = DecisionTreeClassifier(random_state=42)
clf.fit(X_train, y_train)

# 모델 평가
score = clf.score(X_test, y_test)
print(f"Accuracy: {score}")
from sklearn.model_selection import cross_val_score

# 교차 검증
scores = cross_val_score(clf, X, y, cv=5)
print(f"Cross-validation scores: {scores}")
print(f"Average score: {scores.mean()}")
```

위 코드에서는 먼저 scikit-learn 패키지에서 붓꽃 데이터를 로드하고, 데이터를 학습용과 테스트용으로 나누기 위해 train_test_split() 함수를 사용합니다. 그리고 DecisionTreeClassifier() 클래스로 결정 트리 모델을 만들고, fit() 메서드를 사용하여 모델을 학습시킵니다. 마지막으로 score() 메서드를 사용하여 모델의 성능을 평가하고, 이를 출력합니다.

결과가 1.0으로 나왔지만, 이는 모델이 학습 데이터에서 과적합(overfitting)되었을 가능성이 있습니다. 따라서 모델의 성능을 더 정확하게 평가하기 위해 교차 검증(cross-validation)을 사용해 보겠습니다. 이를 위해 cross_val_score() 함수를 사용할 것입니다.

위 코드에서는 cross_val_score() 함수로 5-fold 교차 검증을 수행하고, 각 폴드에서의 정확도를 출력합니다. 마지막으로 평균 점수를 출력합니다.

실행결과

[▷ Python 파일 실행] 버튼을 클릭하여 코드를 실행합니다.

결과를 보면, 5-fold 교차 검증에서 평균 정확도는 0.96으로 나타났습니다. 이는 모델이 과적합되지 않은 상태에서도 높은 성능을 보이는 것을 의미합니다.

따라서 이 예제에서는 결정 트리 알고리즘을 사용하여 붓꽃 데이터를 분류하는 간단한 머신러닝 프로그램을 만들어 보았습니다. 코드를 이해하고 활용하는 데 도움이 되길 바랍니다!

```
Accuracy: 1.0
Cross-validation scores: [0.96666667 0.96666667 0.9        0.93333333 1.        ]
Average score: 0.9533333333333334
```

선형 회귀 머신러닝 프로그램 만들기

머신러닝을 이용해서 미래의 값을 예측하는 선형 회귀에 관한 예제프로그램을 요청하였습니다.

 파이썬 선형 회귀 관한 머신러닝 프로그램을 만들어줘

 선형 회귀(linear regression) 알고리즘을 사용하여 보스턴 주택 가격 데이터를 예측하는 간단한 머신 러닝 프로그램을 만들어 보겠습니다.

보스턴 주택 가격 데이터는 총 13가지의 특성(feature)을 가지고 있으며, 이를 바탕으로 주택 가격을 예측하는 문제입니다. 데이터는 scikit-learn 패키지에 기본적으로 내장되어 있습니다.

아래 코드를 참고하여 프로그램을 만들어 보세요.

main40-2.py

```python
from sklearn.datasets import load_boston
from sklearn.linear_model import LinearRegression
from sklearn.model_selection import train_test_split
from sklearn.metrics import mean_squared_error, r2_score
import numpy as np

# 데이터 로드
boston = load_boston()
X = boston.data
y = boston.target

# 데이터 분리
X_train, X_test, y_train, y_test = train_test_split(X, y, test_size=0.2, random_state=42)

# 모델 학습
reg = LinearRegression()
reg.fit(X_train, y_train)

# 모델 평가
y_pred = reg.predict(X_test)
mse = mean_squared_error(y_test, y_pred)
rmse = np.sqrt(mse)
r2 = r2_score(y_test, y_pred)
print("실행결과")
print("="*80)
print(f"Mean squared error: {mse}")
print(f"Root mean squared error: {rmse}")
print(f"R^2 score: {r2}")
print("="*80)
from sklearn.model_selection import cross_val_score

# 교차 검증
```

```
scores = cross_val_score(reg, X, y, cv=5)
print("교차검증")
print("="*80)
print(f"Cross-validation scores: {scores}")
print(f""Average score: {scores.mean()}")
print("="*80)
```

위 코드에서는 먼저 scikit-learn 패키지에서 보스턴 주택 가격 데이터를 로드하고, 데이터를 학습
용과 테스트용으로 나누기 위해 train_test_split() 함수를 사용합니다. 그리고 LinearRegression()
클래스로 선형 회귀 모델을 만들고, fit() 메서드를 사용하여 모델을 학습시킵니다. 마지막으
로 predict() 메서드를 사용하여 모델을 이용해 테스트 데이터에 대한 예측값을 구하고, mean_
squared_error()와 r2_score() 함수를 사용하여 모델의 성능을 평가합니다.

실행결과

[▷ Python 파일 실행] 버튼을 클릭하여 코드를 실행합니다.
결과를 보면, 모델의 RMSE 값은 약 4.93으로 나타났습니다. 이는 예측 오차가 평균적으로 4.93정
도로 나타났다는 의미입니다. R^2 점수는 약 0.67으로 나타났습니다. 이는 모델이 데이터를 약 67%
정도 설명할 수 있다는 것을 의미합니다.

교차검증 결과를 보면, 5-fold 교차 검증에서 평균 점수는 0.57으로 나타났습니다. 이는 모델이 과
적합되지 않은 상태에서도 비교적 낮은 성능을 보이는 것을 의미합니다.
따라서 이 예제에서는 선형 회귀 알고리즘을 사용하여 보스턴 주택 가격 데이터를 예측하는 간단한
머신러닝 프로그램을 만들어 보았습니다. 코드를 이해하고 활용하는 데 도움이 되길 바랍니다!

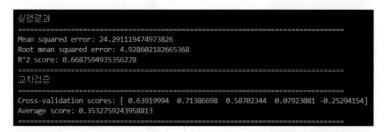

함께 보면 좋은 도서

챗GPT를 활용한 아두이노 입문

챗GPT 사용법부터 업무별 구체적 활용법까지!

장문철, 박준원 공저
244쪽 | 17,700원

ChatGPT가 직접 쓴 챗GPT 입문

챗GPT 사용법부터 업무별 구체적 활용법까지!

장문철 저
200쪽 | 13,000원

모두가 할 수 있는
인공지능으로 그림 그리기

장문철, 주현민 공저
212쪽 | 14,400원

한권으로 끝내는
아두이노와 파이썬으로 52개 작품 만들기

장문철, 박준원 공저
432쪽 | 22,000원